La collection [illegible]
est animée par Jean-Paul [illegible]
[illegible], Françoise [illegible]
[illegible] Dominique [illegible]
et [illegible]

Bénédicte Reynaud

LES THÉORIES DU SALAIRE

Éditions La Découverte
9 *bis*, rue Abel-Hovelacque
75013 Paris
1994

Si vous désirez être tenu régulièrement informé de nos parutions, il vous suffit d'envoyer vos nom et adresse aux Éditions La Découverte, 9 *bis*, rue Abel-Hovelacque, 75013 Paris. Vous recevrez gratuitement notre bulletin trimestriel **A la Découverte**.

ISBN 2-7071-2282-3

Introduction

> « Une théorie du salaire doit d'abord identifier les questions auxquelles elle cherche à répondre ou les faits particuliers d'une économie ou du marché du travail qu'elle veut expliquer. »
>
> John Dunlop (1957)

Un trait saillant apparaît après un examen attentif des théories du salaire depuis les classiques. Soit elles sont conçues pour servir des projets plus vastes et constituent l'une des pièces nécessaires à la construction d'un même édifice, soit elles se concentrent sur un problème précis et développent alors une théorie locale.

Les théories traditionnelles du salaire, qui vont des classiques à Keynes, sont conçues dans la première perspective, quelle que soit leur famille d'appartenance : classique, néoclassique, marxiste, keynésienne (chapitres I, II, III). Elles traitent toutes le salaire comme un *prix*, ce qui *facilite* l'élaboration de *théories générales du salaire*. Ainsi, une théorie est capable d'expliquer, à elle seule, la plupart des aspects du salaire : niveau, évolution, hiérarchie, etc.

Les années soixante-dix marquent un changement radical de perspective. L'égalité du salaire et de la productivité marginale du travail, qui est l'axiome de base de la plupart des théories antérieures, est rejetée. Aussi les théories contemporaines du salaire sont-elles condamnées, parfois contre leur gré, à plus de modestie. Chacune d'elles restreint son domaine d'investigation à un problème salarial spécifique : comment se forme le niveau du salaire moyen (chapitres V et VI) ? D'où viennent la hiérarchie et la dispersion des salaires (chapitre VII) ? Comment s'expliquent les variations à long terme (chapitre VIII) et à court terme (chapitre IX) du salaire ?

Ce livre poursuit trois buts : d'abord, présenter un panorama des théories du salaire, en explicitant leurs objectifs théoriques et, éventuellement, empiriques ; dans ce dernier cas, on portera une attention particulière aux « faits stylisés » dont la théorie veut rendre compte ; ensuite, analyser l'origine de l'effondrement des théories (chapitre IV) ; enfin, dégager le principal enjeu de cette transformation. Elle correspond à un renversement complet de la conception du salaire : celui-ci n'apparaît plus seulement comme un prix, c'est-à-dire l'application d'une règle particulière (l'offre et la demande), mais comme le résultat d'interprétations d'un ensemble de règles (chapitre X). Ce changement radical de perspective s'inscrit dans une nouvelle manière d'aborder la plupart des problèmes économiques : le centre de gravité de la théorie se déplace du marché vers l'entreprise ; l'impossibilité de tout prévoir, désormais largement admise, remet en question le modèle traditionnel de la rationalité illimitée.

Première partie

LE SALAIRE DANS LES GRANDS COURANTS DE LA PENSÉE ÉCONOMIQUE

I / Les classiques et Marx : le salaire dans les théories de la répartition et de l'exploitation

Lorsque les classiques, Smith et Ricardo, traitent du salaire, ce n'est pas tant en raison d'un intérêt particulier pour ce dernier que pour servir la théorie de la répartition de la valeur entre les différentes classes sociales ; dans cette théorie générale, la misère humaine — dont le niveau de salaire est le reflet — est considérée comme une loi de la nature.

En revanche, Marx, qui a une tout autre vision de la société, consacre de longs développements à l'analyse du salaire car c'est un dispositif essentiel à l'élaboration de sa théorie de l'exploitation. Pour ce faire, il s'inspire des classiques, en fondant la valeur des biens sur la quantité de travail nécessaire à leur production. Aussi présenterons-nous dans le même chapitre les théories du salaire chez les classiques et chez Marx.

1. Le salaire comme prix « naturel » et de marché : les classiques

Le salaire « naturel » ou de « subsistance » (Smith)

Selon Joseph Schumpeter, Adam Smith « a élaboré une théorie intégrale des salaires » ([1983]*, tome 1, p. 377). *La Richesse des nations* traite, il est vrai, de la plupart des aspects du salaire : déterminations de son niveau et de son évolution à court et à long terme et explication des disparités. Rien d'étonnant à cela, car le projet de Smith est d'étudier les lois de distribution de la valeur entre les travailleurs, les capitalistes et les propriétaires terriens. Étant donné que ces deux dernières classes doivent aussi être rémunérées, le salaire ne peut pas rétribuer la totalité du travail accompli : il est un « résidu ».

• Comment se forment les salaires en longue période ? Le *niveau* du salaire s'établit par *négociation* entre « maîtres » et ouvriers (Smith [1776], éd. [1976], livre I, chap. 8, p. 91). Malgré la supériorité intrinsèque des capitalistes, qui ont le droit de se coordonner en formant des coalitions, les salaires ne peuvent descendre au dessous d'un certain niveau, appelé « salaire de subsistance » ou « salaire naturel ». Ce dernier correspond à une *norme biologique* qui évolue avec le temps et varie selon les régions et les cultures nationales.

Le salaire réel peut certes dépasser le salaire naturel, mais il en résulte alors un accroissement de la population et de la demande de travail qui tend, à terme, à assurer la convergence vers le salaire naturel. Quant au *niveau du salaire nominal*, il est déterminé par le prix du panier des biens consommés par les ouvriers.

La *variation* du taux de salaire est contrainte par une évolution synchrone entre la population et la demande de travail.

* Les références entre crochets renvoient à la bibliographie en fin d'ouvrage.

Les notions de « salaire naturel » et de « fonds de salaire »

La notion de « salaire naturel » est due à Cantillon et à Turgot. Ce dernier, physiocrate français, écrit dans *Réflexions sur la formation et la distribution des richesses* ([1766], § VI) : « En tout genre de travail, il doit arriver et il arrive que le salaire de l'ouvrier se borne à ce qui est nécessaire pour lui procurer sa subsistance. » Ce salaire est « naturel » car il correspond à ce que la nature réclame. Il est conçu comme une position d'équilibre stable, rétabli par un mécanisme de rappel.

L'expression « fonds de salaire » vient de l'agriculture ; comme le blé était récolté une seule fois par an, il devait être stocké comme « fonds », pour la consommation à venir. Le terme de « fonds » a été ensuite appliqué au capital qui était considéré comme une avance faite aux travailleurs afin qu'ils puissent vivre entre la période des semailles et celle de la moisson.

• En courte période, l'offre de travail est considérée comme donnée. Le *niveau* de salaire est fixé par le « fonds de salaire », de sorte que le salaire moyen est égal au rapport entre la masse salariale (le « fonds ») et le total des ouvriers. Mais Smith s'intéresse aussi aux *disparités* de salaire entre des emplois équivalents, non identiques. Il explique ces disparités par le fait que les emplois présentent des caractéristiques différentes : ils n'ont pas le même degré de pénibilité et de stabilité ; ils exigent ni le même apprentissage ni de faire la même confiance aux salariés. Tous ces facteurs entraînent une chance de réussite dans l'emploi, variable d'un individu à l'autre, ce dont l'employeur tient compte pour fixer le salaire.

Quant à l'*évolution* des salaires, elle ne doit pas conduire à une masse salariale supérieure au « fonds ».

Le salaire varie entre un prix naturel et un prix de marché (Ricardo)

Pour Ricardo ([1817], p. 67-80), le travail a un prix naturel (le même que chez Smith) et un prix courant ou prix de marché ; déterminé par le jeu de l'offre et de la demande, ce dernier correspond à ce que reçoit réellement l'ouvrier. Lorsque le prix de marché augmente au-dessus du prix naturel, l'ouvrier peut élever une famille nombreuse. D'où une augmentation ultérieure de la main-d'œuvre disponible et une baisse des salaires vers leur prix naturel.

2. Le salaire, prix de la valeur de la force de travail (Marx)

Le salaire est l'expression monétaire de la valeur de la force de travail

En écrivant que « le salaire est le prix d'une marchandise déterminée : le travail » (Marx [1849], p. 206), Marx adopte d'abord la théorie du salaire des classiques. Mais ensuite, vers 1863-1867, il développe une tout autre conception du salaire, qui constitue le point de rupture avec les classiques. En effet, le salaire n'apparaît plus comme la contrepartie du travail, mais comme *l'expression monétaire de la valeur de la force de travail*. Celle-ci a une double dimension. D'une part, elle a une *valeur d'usage* : elle crée de la valeur (en fonction de la façon dont la capacité de travail du salarié est utilisée par le capitaliste). D'autre part, elle a une *valeur d'échange* ou temps de travail socialement requis à la production des biens nécessaires à la production et à la reproduction de la force de travail ; dans cette définition, le prix du panier des biens de la consommation ouvrière joue un rôle important.

Le salaire étant l'expression monétaire de la valeur de la force de travail, c'est-à-dire son prix, il peut évidemment fluctuer autour de cette valeur, comme le prix de n'importe quelle autre marchandise, selon le jeu de l'offre et de la demande.

Le salaire comme dispositif central de la théorie de l'exploitation

Chez Marx, ce principe de formation du salaire est l'une des pièces indispensables à la construction de sa théorie de l'exploitation. Lors de la passation du contrat de travail, le salarié met toute sa force de travail à la disposition de l'employeur ; autrement dit, il loue au capitaliste sa valeur d'usage, mais obtient en contrepartie la valeur d'échange. Or, comme la valeur d'usage crée une valeur supérieure à la valeur d'échange, il apparaît une plus-value (une survaleur) qui appartient à l'employeur. Le taux d'exploitation, ou taux de plus-value, est égal au rapport entre la plus-value et le salaire.

La distinction entre « travail simple » et « travail complexe » : une explication acceptable de la hiérarchie des salaires ?

Choisir le temps de travail comme commune mesure de la valeur de la force de travail revient à supposer l'*homogénéité du travail*. Dans cette perspective, comment expliquer les différences de salaire et l'inégale exploitation des salariés ? Marx répond à cette question en distinguant le « travail simple » du « travail complexe ». Le premier correspond à la dépense quantitative de tout homme ordinaire ; le second est une dépense de travail qualifié.

• Sur quoi repose cette distinction ? Marx en a donné deux justifications différentes (cf. Poulain [1992] et Lapidus [1993]).

Premièrement, dans l'édition originale allemande du *Capital*, le travail complexe est distingué du travail simple car il correspondrait à un coût supérieur de la force de travail (Marx [1867], *Œuvres*, I, p. 1650). Comme le souligne Édouard Poulain, une telle approche suppose d'accepter le raisonnement suivant : la force de travail d'un coût supérieur produit une valeur supérieure qui entraîne un salaire supérieur, ce que Marx ne justifie pas. Cette logique contredit, au demeurant, la théorie de la plus-value qui oppose la valeur de la force de travail et la valeur produite par le travail. (Le salaire dépend du coût de reproduction de la force de travail, tandis que la valeur produite par le salarié dépend de la technique, de la durée du travail et de l'effort fourni.) La démarche n'est donc pas convaincante pour expliquer la hiérarchie des salaires.

Deuxièmement, dans l'édition française du *Capital*, la différence entre travail simple et travail complexe est considérée comme indissociable d'une différence de qualification (Marx, [1857], p. 750). Mais cette définition ne saurait tenir lieu de démonstration.

- Si l'on admet la possibilité de réduire le travail complexe en travail simple, quelle règle de réduction faut-il alors adopter ? Marx donne peu d'indications, sans doute parce qu'il estimait ce problème sans importance (cf. May [1949], p. 62, note 4a et Lapidus [1993], p. 5).

A quoi servent les différentes formes de salaire ?

Pour Marx, les formes de salaire ne changent rien à la nature du salaire, qui est toujours l'expression de l'exploitation ; elles sont des dispositifs plus ou moins favorables au développement de la production capitaliste (Marx, [1867], chap. XXI, p. 396). Ainsi, le salaire au temps présente l'inconvénient de ne pas être un équivalent exact de la dépense effective de la force de travail, car il ne correspond pas à une production déterminée : plus la base de calcul du salaire au temps est longue et se rapproche de l'année, plus le salaire diverge de la valeur effective de la force de travail. Le salaire au temps ne garantit donc pas une certaine intensité de la force de travail. En revanche, le salaire aux pièces établit une relation stricte entre la quantité produite et le salaire. Cela facilite le contrôle de l'intensité du travail, tout en supprimant la surveillance : « La qualité et l'intensité du travail étant assurées par la forme même du salaire, une grande partie du travail de surveillance devient superflue. » (Marx [1867], p. 399.) Marx devance ainsi, mais sans nuance, les théories économiques contemporaines. Il oppose deux solutions au problème du contrôle de l'intensité et de la qualité du travail : instituer des modes de rémunération incitatifs (« la carotte ») ou renforcer la hiérarchie dans l'entreprise (« le bâton »).

Ce point de vue — moins tranché car les deux modes de contrôle sont considérés comme en partie complémentaires — est défendu actuellement par l'école radicale américaine, certains théoriciens de la régulation (cf. chap. IV et V) et par la théorie néo-classique du « principal-agent ». [Selon cette dernière, l'effort fourni par l'employé (« l'agent ») n'est pas observable. L'employeur (« le principal ») peut seulement observer le produit joint d'une action (l'effort), et non l'action elle-même que seul le salarié connaît. Le travail effectué est donc aléatoire car « il dépend positivement d'une variable d'action de l'agent, non observable par le principal et coûteuse pour l'agent ». Cette théorie a pour objectif de trouver les modes de rémunération incitatifs.]

Le rôle du taux de chômage dans les variations du taux de salaire

Les variations du taux de salaire dépendent de « l'armée industrielle de réserve », c'est-à-dire du taux de chômage, dont l'entreprise se sert pour maîtriser les évolutions de salaire. Le rôle du taux de chômage est triple (Marx [1857], t. 1, p. 1154-1157) :
— d'abord, un fort taux de chômage réduit les niveaux de salaires demandés ;
— ensuite, en période de chômage, la main-d'œuvre cherche à s'organiser pour déjouer cette loi de l'offre et de la demande ;
— enfin, le chômage pousse ceux qui sont déjà employés à travailler plus, en raison de la peur d'être licenciés.

L'essentiel à retenir de ces analyses est non seulement que le salaire est un prix, mais surtout que le mode de formation de ce prix et donc son rôle sont spécifiques. Smith et Ricardo parviennent à élaborer une théorie de la répartition

Les formes de salaire incitatives dispensent-elles d'un contrôle par la hiérarchie ? Une approche empirique

Si les analyses de Marx étaient exactes, on devrait observer deux types d'organisation dans l'entreprise. D'une part, un faible degré d'encadrement associé à des formes de salaire incitatives, c'est-à-dire comportant des primes. D'autre part, un contrôle hiérarchique fort, associé à des formes de salaire non incitatives.

Des tests économétriques, menés sur l'*Enquête sur la structure des salaires* de l'INSEE (1986), nous ont permis d'évaluer la pertinence de cette théorie (cf. Reynaud [1990a], pour une analyse détaillée). Des analyses de variance testées sur 280 000 ouvriers de l'industrie donnent des résultats qui soit ne permettent pas de conclure dans tous les cas de figure, soit réfutent la théorie. En effet, le salaire mensuel sans prime coexiste avec l'absence de contrôle des ouvriers. Il n'y a donc ni incitation à travailler par une formule salariale adéquate ni par la surveillance des ouvriers. Cette dernière pourrait être devenue inutile, en raison de l'automatisation du procès de travail : la machine dicterait la cadence aux ouvriers. Ce résultat, qui n'est pas le seul à réfuter la théorie (Reynaud [1990a]), entraîne un certain scepticisme quant à l'existence d'une relation aussi directe entre les deux dispositifs de contrôle du travail. De plus, si nous avions obtenu des résultats « conformes » à la théorie, nous n'aurions cependant pas pu en inférer le sens de la relation : est-ce le mode de rémunération qui détermine le niveau d'encadrement ou l'inverse ? La théorie des formes de contrôle a encore de nombreux problèmes à résoudre.

et à naturaliser la misère sociale, en se fondant sur une théorie du salaire-prix de la « loi de la nature ». En revanche, pour Marx, le salaire est le prix de la valeur de la force de travail, ce qui lui permet de construire sa théorie de l'exploitation. Pour tous ces auteurs, les théories du salaire tirent donc leur sens de ce qu'elles s'inscrivent dans une théorie générale plus vaste.

II / Les néo-classiques
Le salaire dans les théories de l'équilibre

La défense du libéralisme économique constitue l'un des rares points communs entre les classiques et les « néo-classiques » (d'où le terme « néo »). Pour mener à bien leurs projets, les deux écoles empruntent des voies très différentes. Tandis que les classiques mettent l'accent sur la répartition de la valeur entre les principales classes sociales, les néo-classiques cherchent à montrer que l'économie de marché est la seule forme d'organisation sociale qui puisse conduire au bonheur individuel *et donc* collectif. Comme sur n'importe quel marché, le salaire est un prix, qui s'intègre à une théorie de l'harmonie, de la justice économique et de l'efficacité.

La théorie néo-classique du salaire diffère de façon radicale selon les niveaux d'analyse. Nous montrerons qu'au plan *microéconomique*, dans le cadre de la concurrence pure et parfaite, *les néo-classiques élaborent une théorie plus centrée sur la demande de travail que sur le salaire*, et qu'au plan *macroéconomique il n'y a pas de théorie spécifique du salaire*. Cette dernière conclusion s'appuie sur l'analyse de la formation des salaires, selon les deux approches traditionnelles : l'équilibre partiel (Alfred Marshall) et l'équilibre général (Léon Walras)[1].

1. Je remercie Olivier Favereau de m'avoir aidée à éclaircir la présentation de la théorie de l'équilibre général.

1. La microéconomie néo-classique élabore plus une théorie de la demande de travail que du salaire

La demande de travail des entreprises

L'une des conditions de l'hypothèse de concurrence pure et parfaite est l'atomicité du marché, qui signifie qu'aucune entreprise ne peut avoir, seule, une influence sur la formation des prix et donc des salaires (qui sont le prix des services du travail). Ces derniers sont déterminés par le marché, où se confrontent les offres et les demandes de travail. Il faut donc savoir quelle règle d'embauche les néo-classiques attribuent à l'employeur ; autrement dit, comment se forme la demande de travail ? Celle-ci correspond à la quantité de travail nécessaire à la production de la quantité optimale des biens. L'employeur, qui est supposé maximiser son profit, emploie un salarié supplémentaire jusqu'au stade où celui-ci lui rapporte moins qu'il ne lui coûte car, les rendements des biens et du travail étant décroissants, il devient de plus en plus coûteux de produire. Par conséquent, les effectifs de l'entreprise s'établissent au niveau où la productivité marginale du travail est égale au salaire de marché. La demande de travail est une fonction décroissante du salaire réel.

L'offre de travail des salariés

La théorie néo-classique a introduit, depuis Jevons, un postulat essentiel relatif à la psychologie des agents. Leur rationalité les conduirait à comparer l'utilité du travail, mesurée par les gains attendus, et sa « désutilité ». En effet, travailler est considéré comme un renoncement aux loisirs. Cependant, étant donné que les cas où l'individu peut se dispenser de travailler sont rares, comment se constitue l'offre de travail ? Le salarié dispose d'un temps limité qu'il doit partager entre travail et loisir. Pour faire cet arbitrage, l'individu doit, au préalable, avoir choisi entre plus (ou moins) de biens ou plus (ou moins) de loisir. Ensuite, il considère le salaire du marché comme une donnée et détermine son offre de travail, en égalisant le salaire réel offert au taux marginal de substitution entre consommation de biens et de loisirs. L'offre de travail est une fonction croissante du salaire réel.

Ainsi, au plan microéconomique, en accordant un rôle premier à la formation de la demande de travail, *les néo-classiques construisent une théorie du salaire qui tend à être une théorie de la demande de travail, au point que nous pourrions nous demander si elle n'en est pas un substitut.*

2. La macroéconomie néo-classique ne construit pas de théorie spécifique du salaire

La question est de savoir s'il existe un système de prix qui permet l'égalité des demandes et des offres de travail. Un tel système est appelé équilibre. Les néo-classiques traitent ce problème soit en équilibre partiel, soit en équilibre général.

L'équilibre partiel

Dans l'approche de l'équilibre partiel, l'économiste analyse un seul marché, en traitant les autres marchés comme des formes sociales insensibles aux dynamiques du marché étudié. Le raisonnement se fait « toutes choses égales par ailleurs », c'est-à-dire sans considérer les interrelations entre les marchés. Pour Alfred Marshall [1890], fondateur de l'équilibre partiel, la formation des salaires est différente selon la période considérée.

- En courte période, et en régime concurrentiel, l'ajustement se fait par les quantités et non par les prix (Marshall, chap. III, s. 6), à la différence de Walras.

- En longue période, le salaire d'équilibre est déterminé par la demande de travail des entreprises et l'offre de travail des salariés. La première dépend des coûts de production et des rendements (Marshall, livre V, chap. III, s. 7), tandis que la seconde dépend des utilités marginales et des goûts des consommateurs. *L'égalité du salaire et de la pro-*

ductivité individuelle est une propriété de l'équilibre. La productivité individuelle ne détermine pas le salaire. S'il n'y a pas de lien causal dans ce sens-ci, il semble que Marshall suggère l'existence d'une causalité inverse : le niveau de salaire déterminerait la productivité du travail.

En effet, Marshall considère que le salaire est fonction de la « puissance productive », qui est l'effort à déployer en fonction de la dureté de la tâche. Il est dans l'intérêt de l'employeur de verser des salaires supérieurs à la « puissance productive » de l'ouvrier, pour trois raisons : d'abord, des salaires élevés augmentent la capacité de travail (Marshall, livre IV, chap. IV, p. 348) ; ensuite, l'efficacité du travail permet une économie en capital ; enfin, une politique de hauts salaires a des effets sur la productivité, à travers une amélioration des conditions physiques et morales de l'ouvrier (Marshall, livre I, chap. IV, p. 342 ; livre II, chap. IV, p. 344-345 ; livre IV, chap. IV, p. 350 ; pour la défense de cette thèse, cf. Reynaud [1989]). Si cette lecture est pertinente, Marshall apparaîtrait comme un précurseur de la théorie moderne du salaire d'efficience (chap. VI).

L'équilibre général

L'hypothèse d'équilibre partiel peut être considérée comme trop limitative. Un exemple peut permettre de le comprendre : si le salaire augmente, la demande de travail va diminuer dans un premier temps ; mais la hausse de salaire entraîne aussi une hausse de la demande de biens, ce qui conduit à une augmentation de la demande de travail de la part des entreprises... Par où apparaît le rôle de l'interdépendance des marchés. Il paraît difficile de défendre l'hypothèse d'indépendance des marchés.

Walras est à l'origine de la démarche d'équilibre général, qui traite en même temps de toutes les interdépendances entre les marchés. Walras fait l'hypothèse de concurrence pure et parfaite, ce qui suppose la réunion des cinq conditions suivantes :

— les firmes cherchent à maximiser les profits, et les salariés leur utilité ;

— les salariés et les firmes disposent d'une information parfaite sur les salaires et les opportunités d'emploi sur le marché du travail ;
— la main-d'œuvre est homogène sur un marché ;
— le marché du travail est concurrentiel car il est composé d'un grand nombre d'entreprises et de salariés ;
— tous les emplois sur le marché du travail sont ouverts à la concurrence entre les salariés ; il n'y a pas de barrière institutionnelle à la mobilité des salariés. De plus, les coûts de mobilité sont nuls.

Walras ([1874], éd. [1988]) considère que le travail est une marchandise comme une autre. La formation des salaires n'est donc qu'un élément de la construction de l'équilibre général. Soient e_i, la demande pour le bien i, o_i, l'offre du bien i, à prix donné ; e_1 est la demande nette d'un bien 1, qui se définit : $e_1 = e_i - o_i$. Le prix d'équilibre est le prix qui annule les demandes nettes sur tous les marchés. On a donc un système de *m* équations (les demandes nettes) et de *m* inconnues (les prix). Pour montrer qu'il existe un équilibre, il faut prouver que le système d'équations admet une solution, n'ayant pas d'éléments négatifs. Walras avait seulement affirmé qu'un tel équilibre existait car on était en présence d'un système de *m* équations et de *m* inconnues. Il a fallu attendre les travaux de Kenneth Arrow et de Gérard Debreu, dans les années cinquante, pour que soit démontrée l'existence d'un équilibre, sous certaines conditions (cf. Guerrien [1993]). Ainsi, afin d'éviter toute discontinuité dans les échanges, Arrow et Debreu ont introduit l'hypothèse de « dotation de survie » des consommateurs, qui leur permet de survivre en se passant d'échange. L'application du théorème du point fixe (qui implique que la confrontation entre offres et demandes s'arrête à un point d'équilibre lorsqu'elles sont égales), auquel sont ajoutées quelques conditions, permet de démontrer l'existence d'un équilibre.

Cependant, les deux théoriciens n'ont étudié ni le processus qui mène à cet équilibre, à travers la règle du « tâtonnement walrasien », ni sa stabilité. En effet, il ne suffit pas que les demandes nettes soient bornées et continues pour que l'équilibre soit stable, il faut aussi une certaine forme aux demandes nettes. Par exemple : le fait que la demande nette du travail augmente quand son prix est supérieur au prix d'équilibre implique une instabilité du tâtonnement. Or, Sonnenschein [1973], Mantel [1974] et Debreu [1974] ont établi, indépendamment les uns des autres, un théorème dévastateur : les demandes nettes peuvent avoir une forme quelconque. D'où l'absence d'un retour automatique à l'équilibre (cf. Rotillon [1992], Guerrien [1993]).

Dans la mesure où le salaire est considéré comme n'importe quel prix, ce théorème signifierait qu'il n'y a pas de loi générale de formation de la demande nette de travail. La théorie néo-classique du salaire se trouve depuis lors dans *l'impossibilité d'établir une théorie générale de la formation du salaire*. Le marché ne serait-il plus la seule forme sociale pertinente de la détermination des salaires ?

III / Le salaire chez Keynes : un sous-produit d'une théorie de l'emploi

Keynes rompt avec les néo-classiques en distinguant le salaire réel du salaire nominal, ce qui implique d'élaborer une théorie du salaire. Mais cette dernière, s'inscrivant dans une problématique de l'emploi, est donc un sous-produit d'une théorie de la normalité du chômage.

1. La formation du niveau des salaires nominaux

Keynes accepte le « premier postulat » néo-classique, relatif à la demande de travail de la part des entreprises, selon lequel le salaire est égal à la productivité marginale du travail, c'est-à-dire au manque à gagner pour l'employeur si l'emploi diminuait d'une unité.

Pour l'offre de travail, deux différences essentielles séparent Keynes des néo-classiques ; tandis que ces derniers considèrent le taux de salaire réel, caractérisé par sa flexibilité, comme la seule référence pertinente, Keynes estime, au contraire, que l'offre de travail dépend du taux de salaire nominal, qui est rigide à la baisse. Quels sont les arguments qui ont conduit Keynes à élaborer une théorie du salaire nominal ?

Le phénomène d'« illusion monétaire »

Les salariés raisonnent en termes nominaux parce qu'ils sont victimes de l'« illusion monétaire ». C'est ainsi qu'ils s'opposent plus fortement à une diminution des salaires réels, due à une baisse du salaire nominal, qu'à une même réduction entraînée par une hausse du prix des biens de consommation. Au demeurant, s'il n'y avait pas d'illusion monétaire, ils devraient moins travailler en cas de hausse des prix. Or Keynes constate qu'« alors que la main-d'œuvre résiste ordinairement à la baisse des salaires nominaux, il n'est pas dans ses habitudes de réduire son travail à chaque hausse des prix des biens de consommation ouvrière » ([1936], p. 34). C'est pourquoi Keynes considère l'hypothèse néo-classique comme « arbitraire » ([1936], p. 39). « L'illusion monétaire » s'oppose au postulat traditionnel d'homogénéité selon lequel la fonction d'offre de travail serait indépendante des prix nominaux (c'est-à-dire, en termes techniques, serait homogène de degré zéro). Léontieff avait, dès 1936, clairement opposé « l'hypothèse fondamentale » de Keynes — l'illusion monétaire — au « postulat d'homogénéité ».

Les négociations salariales entre employeurs et salariés portent donc sur le niveau des salaires nominaux (Keynes [1936], p. 36). L'issue de ces négociations dépend, en partie, de l'état du marché du travail. En effet, la résistance à la baisse des salaires réels est d'autant plus forte que le chômage est faible. « La main-d'œuvre ne demande pas un salaire nominal beaucoup plus élevé lorsque l'emploi augmente ; et plutôt que de consentir à une très forte réduction de ce salaire, elle préfère endurer un certain degré de chômage » (*op. cit.*, p. 258).

Le rôle des comparaisons inter-individuelles

Keynes propose une autre interprétation du raisonnement en termes nominaux ([1936], p. 39) : *les salariés se comparent entre eux*. Or la fixation des salaires nominaux détermine en même temps la position relative des salariés

L'illusion monétaire est-elle rationnelle ?

Keynes considère « l'illusion monétaire » comme une loi psychologique, dont il n'étudie pas la conséquence sur l'hypothèse de rationalité : « En tout cas, logique ou illogique, l'expérience prouve que telle est en fait l'attitude de la main-d'œuvre. » ([1936], p. 35.) D'ailleurs, si Keynes estime que le postulat d'homogénéité ne constitue pas une preuve d'irrationalité des salariés (cf. Keynes [1937], p. 209), il devrait logiquement admettre, même de façon implicite, qu'il en est de même pour le phénomène contraire, l'illusion monétaire.

Cette loi psychologique, loin d'être une soumission des salariés, une irrationalité, comme le prétendent quelques économistes critiques, est, au contraire, l'expression d'un certain type de rationalité des salariés. Ceux-ci ont conscience que les raisonnements en termes nominaux ou réels conduisent à des conséquences très différentes en cas de changement d'emploi. En effet, les contrats de travail exprimés en salaires nominaux constituent un acquis pour les salariés (acquis qui peut être une perte en l'absence de clause d'indexation des salaires sur les prix). S'ils postulent à un nouvel emploi, leurs prétentions salariales sont indépendantes de la prise en compte des évolutions de prix passées.

Cependant, « l'illusion monétaire » devient un comportement qui peut être considéré, *à lui seul*, comme moins rationnel dans le cas suivant, relevé par Keynes : pourquoi les salariés se mobilisent-ils plus facilement pour lutter contre une baisse de leurs salaires nominaux que pour maintenir leur pouvoir d'achat ? Pourquoi parviennent-ils mieux à refuser une baisse du salaire nominal, en cas de stabilité des prix, qu'à exiger une hausse de salaire en cas de hausse des prix ? Seules d'autres considérations psychologiques, telles que la préférence pour le *statu quo* (cf. Willinger [1993] sur le *statu quo* en général), non évoquées d'ailleurs par Keynes lui-même, peuvent maintenir l'hypothèse de rationalité des acteurs. Ainsi, il est plus facile de préserver une situation existante (refuser une baisse de salaire nominal, en cas de stabilité des prix) même s'il faut se montrer combatif, que d'avoir à changer la situation (demander une augmentation de salaire nominal, en cas de hausse des prix). Notons qu'il ne s'agit plus alors de la rationalité au sens néoclassique de comportement maximisateur.

concernés par rapport à tous les autres. Par conséquent, si une partie seulement des salariés accepte une baisse de salaire nominal, le groupe subit une réduction de son salaire réel relatif. Certains économistes contemporains considèrent ce point comme très important (de Ville et de Vroey [1985], Belloir [1988], Brenner [1979]).

Les conséquences de la théorie du salaire nominal sur l'emploi

La courbe d'offre de travail est d'abord horizontale (cf. graphique 1), ce qui signifie qu'une baisse de l'emploi (ou une augmentation du chômage) n'a aucune influence sur le salaire réel, qui est indépendant du niveau de l'emploi. Ensuite, au delà du plein emploi, (au point a3 sur le graphique), la courbe d'offre de travail est une fonction croissante de l'emploi, car les salaires nominaux augmentent plus vite que les prix. Keynes adresse ainsi une critique radicale à la théorie néo-classique selon laquelle le marché du travail détermine le niveau du salaire réel.

Soient W le salaire nominal, N le niveau de l'emploi (variant de N1 à Npe) et D la demande effective (variant de D1 à D3). L'équilibre de plein emploi, en a3, correspond au salaire nominal W0.

Le salaire réel dépend du volume d'emploi et de la demande effective

Un certain niveau d'emploi se traduit en salaire, qui n'est pas considéré comme *un coût* mais comme *un revenu*. Le niveau de l'emploi ne dépend pas des variations du salaire réel et nominal, mais de la demande effective (Keynes, [1936], p. 50). Celle-ci dépend de la propension marginale à consommer, de la courbe d'efficacité marginale du capital et du taux d'intérêt.

Comme pour les néo-classiques, une baisse du taux de salaire réel est associée à la croissance de l'emploi, par application de l'égalité entre le salaire et la productivité marginale. Une hausse de l'emploi ne peut donc se produire sans baisse des salaires réels (Keynes, [1936], p. 42). Si Keynes semble admettre ainsi la courbe de demande de travail des néo-classiques (ce qui est d'ailleurs contesté par certains, en particulier par Courbis, [1973], p. 20 et par de Ville et de Vroey ([1985], p. 84-85), *la causalité est inversée : c'est l'augmentation de l'emploi qui implique une baisse des salaires réels*.

L'analyse de la formation des salaires nominaux et réels

GRAPHIQUE 1. — L'OFFRE DE TRAVAIL

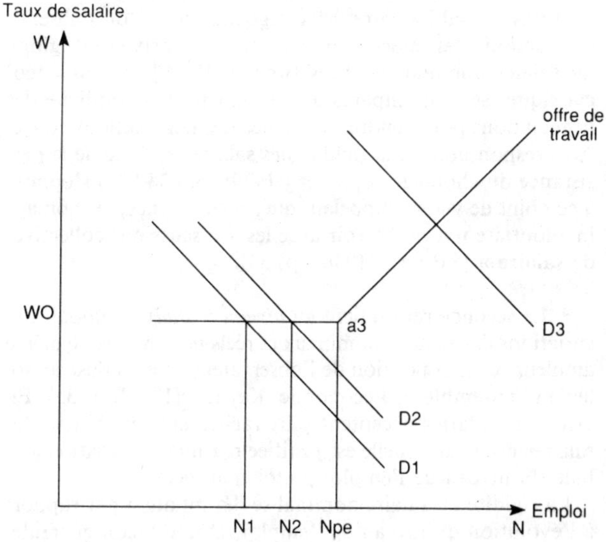

prouve déjà, à elle seule, l'existence d'une théorie keynésienne du salaire, même si elle est au service de la théorie du sous-emploi.

Keynes montre qu'il faut dissocier la formation du salaire nominal et réel. De plus, comme les salaires réels ne dépendent que du niveau de l'emploi, seuls les salaires nominaux sont pertinents. Il faut donc analyser leur principe d'évolution, c'est-à-dire leur dynamique.

2. La rigidité des salaires nominaux

La rigité du salaire nominal signifie l'absence d'ajustement continu aux mouvements des prix. Keynes évoque deux raisons.

• La première est d'ordre *institutionnel*. Comme les négociations salariales sont périodiques, les salaires nominaux ne sont pas révisables entre deux négociations. D'où l'absence de réactions des salariés aux variations de prix et la rigidité du salaire nominal. D'après Brenner [1979], certains néoclassiques se sont emparés de l'argument de périodicité des négociations pour rendre l'existence des négociations collectives responsable de la rigidité des salaires et donc de la persistance du chômage. Brenner ([1979], p. 838-839) s'oppose à ce point de vue en rappelant que, pour Keynes, le chômage involontaire n'a rien à voir avec les « discussions collectives de salaire » (Keynes, [1936], p. 33).

• La seconde raison tient au *niveau d'analyse adopté*. Les variations des salaires nominaux et réels ne sont pas de même ampleur selon la position de l'observateur : une industrie isolée ou l'ensemble de l'économie (Keynes, [1936], p. 35). En effet, les salariés acceptent plus facilement une baisse des salaires nominaux si elle est justifiée par une dégradation globale du niveau de l'emploi plutôt que locale.

La rigidité du salaire nominal se définit aussi par rapport à l'évolution du niveau de l'emploi. D'une façon générale, le salaire nominal augmente avec la demande effective, mais avec des points de discontinuités. Ces derniers dépendent de facteurs non économiques : état d'esprit des ouvriers, politique des employeurs et des syndicats. Plus précisément, Keynes distingue deux seuils :
— « le point critique ultime de plein emploi » ([1936], p. 302), pour lequel, en cas de hausse de la demande effective, l'augmentation du taux de salaire nominal doit être proportionnelle à celle de la demande effective ;
— la zone des « points semi-critiques préalables », où le taux de salaire réagit de façon discontinue aux mouvements de la demande effective, en raison de facteurs institutionnels et psychologiques, comme « l'état d'esprit des travailleurs, ainsi que de la politique des employeurs et des syndicats » : l'augmentation du taux de salaire est moins que proportionnelle à celle de la demande effective.

3. le rôle second du salaire dans la lutte contre le chômage

La relation inverse entre variation du salaire réel et nominal

Keynes s'oppose à la théorie néo-classique selon laquelle la fixation du salaire nominal détermine ensuite le salaire réel. Il estime qu'il y a une relation inverse entre salaire réel et nominal ([1936], p. 35-36), qui doit être considérée comme un pur *constat statistique* puisque Keynes a démontré que leur détermination était disjointe. D'ailleurs, John Dunlop [1938] et Lorie Tarshis [1939] ont retenu cette interprétation : ils ont contesté cette relation à partir d'arguments statistiques.

La baisse des salaires ne peut réduire le chômage

Si Keynes bâtit une théorie du salaire et de l'emploi, c'est non seulement pour adresser une critique radicale à l'école néo-classique, mais aussi pour en tirer des leçons pratiques pour lutter contre le chômage. A cet égard, il s'est opposé finalement à une baisse des salaires nominaux, même si cela n'a pas été sans quelques hésitations (cf. encadré).

Pour trois raisons, le salaire, chez Keynes, est un sous-produit d'une théorie de l'emploi. D'abord, le principal objectif de Keynes est d'élaborer une théorie de la normalité du sous-emploi : la demande effective fixe le niveau d'emploi ; ce dernier détermine ensuite la productivité marginale du travail auquel correspond un certain taux de salaire réel. Celui-ci se situe donc à la fin de la construction théorique de Keynes. Ensuite, Keynes fait le choix fondamental de dissocier, à la différence des néo-classiques, la formation du niveau du salaire réel et nominal, ce qui conduit à une théorie de la rigidité du salaire nominal ; enfin, dans les recommandations de Keynes pour réduire le chômage, le salaire joue un rôle second.

Les positions de Keynes sur l'opportunité d'une baisse de salaire pour réduire le chômage

Contre la baisse des salaires, jugée impossible car :

— « impraticable et inéquitable » [1924] ;
— entraînant une baisse de pouvoir d'achat [1930a] et [1930b], ce qui fera chuter la demande et donc l'emploi ;
— traduisant une mauvaise analyse de la crise. La cause de celle-ci vient des termes de l'échange et non pas de salaires réels supérieurs à la productivité. Il faut donc raisonner en salaires relatifs. Mais s'il faut réduire les salaires réels, Keynes estime qu'il est *préférable d'augmenter les prix plutôt que de baisser les salaires nominaux* ([1930c], p. 186), en raison d'une moindre résistance sociale à cette stratégie ;
— source de « chaos social », (*MacMillan Committee on Finance and Industry Report* [juin 1931], signé entre autres par Keynes).

Dans *La Théorie générale* [1936], Keynes écrit : « Ainsi la réduction des salaires nominaux ne saurait d'une façon durable accroître l'emploi » (p. 265), puis : « A la lumière de ces considérations nous estimons maintenant que le maintien de la stabilité générale des salaires nominaux constitue, tout bien pesé, la politique la plus sage pour un système fermé » (p. 273). Cette position est maintenue dans un article de 1939.

Pour une baisse des salaires :

Dans le même rapport [1931], la rigidité excessive des salaires et des revenus est dénoncée.

Dans *La Théorie générale* [1936], Keynes soutient que « l'abaissement de ces salaires (nominaux) peut parfaitement fournir en certaines circonstances un aiguillon à la production, ainsi que la théorie classique le suppose. Ce qui nous sépare de cette théorie est avant tout une différence d'analyse » (p. 261).

IV / L'effondrement des paradigmes traditionnels

Retraçons le chemin parcouru. Des classiques à Keynes, les théories du salaire sont élaborées surtout pour servir d'autres fins plus générales : la théorie de la répartition et de la misère, comme loi naturelle chez les classiques ; ou la théorie de l'exploitation, pour Marx ; enfin, la théorie de l'harmonie, de la justice économique et de l'efficacité, pour les néo-classiques. Les théories du salaire n'ont pas d'autonomie.

Vers les années soixante-dix, les failles des deux paradigmes construits à partir des analyses de Marx et de Walras deviennent de plus en visibles. Ainsi, la théorie de l'équilibre général se trouve-t-elle dans l'impossibilité de poursuivre son programme de recherche initial, depuis que Sonnenschein [1973], Mantel [1974] et Debreu [1974] ont démontré l'absence de stabilité de l'équilibre ; la convergence vers un taux unique de salaire paraît constituer un objectif voué à l'échec. Quant au marxisme orthodoxe, il éprouve les plus grandes difficultés, avec sa théorie de l'exploitation et de la lutte des classes, à expliquer la période de prospérité de l'après-Seconde Guerre mondiale.

Les théories du salaire, étant complètement imbriquées dans l'un ou l'autre de ces paradigmes, s'affaiblissent aussi. Se développe, en effet, une série de modèles qui considèrent l'incertitude sur la « qualité » du salarié (sa productivité et son effort au travail) comme l'hypothèse centrale de toute analyse de la formation du salaire. Ces modèles démontrent l'incapacité du système des prix à gérer la relation salariale (cf. les modèles de l'antisélection, exposés au chap. VI). Il devient de plus en plus intenable de continuer à faire comme si le contrat de travail se déroulait dans un monde certain. L'« incomplétude » du contrat est enfin, sinon pleinement reconnue, du moins prise en considération.

Dans ce chapitre, nous expliciterons les sens attribués à la notion d'incomplétude du contrat salarial ; puis nous étudierons les types de réponse apportées à cette question.

1. Pourquoi le contrat salarial est-il incomplet ?

Les économistes considèrent que le contrat de travail est incomplet en raison soit de limites cognitives, soit de la volonté de ne pas tout prévoir.

Les limites cognitives

Les limites cognitives ont trait à l'évaluation de l'effort et à l'incapacité de tout prévoir. Autrement dit, la rationalité humaine est « située » (contextualisée) ou « limitée ».

• Marx a été, sans doute, le premier à souligner le caractère incomplet du contrat salarial. Il considère l'effort fourni par le salarié comme une inconnue pour l'employeur qui achète une force de travail, c'est-à-dire le droit de disposer de l'effort du salarié pour une durée fixée, le contrat de travail étant un rapport de subordination à l'autorité de l'employeur (Marx [1867], chap. XIX). L'intensité et la productivité ne peuvent donc être spécifiées dans le contrat.

Cette position non seulement a suscité l'adhésion des théories proches du marxisme (la théorie de la régulation, Boyer [1986], la théorie radicale américaine, Bowles [1985]), mais elle a aussi été défendue par certains économistes à la frontière entre la théorie néo-classique traditionnelle et la théorie non standard[1], comme Oliver Williamson ([1975], chap. 4), ou Harvey Leibenstein [1969] : « Étant donné que le contrat de travail est incomplet, le choix de l'effort dépend de l'interprétation du travail et de la motivation à l'intérieur de l'entreprise. Mais la motivation n'est pas un concept marchand. La motivation est, en partie, nécessaire parce que le manque d'une complète connaissance de la fonction de production entraîne l'impossibilité de diriger les individus en détail et ce, dans toutes les dimensions de l'effort. » (Leibenstein, [1969], p. 612.)

Il est donc très difficile de spécifier à l'avance la qualité et l'intensité du travail requises et d'évaluer ensuite les résultats obtenus. Peut-on réellement mesurer l'effort accompli ? Avec quelle précision le salarié doit-il obéir aux ordres de son supérieur hiérarchique, se conformer aux habitudes de l'entreprise et suivre les règles prescrites ? Que signifie, d'ailleurs, « se conformer à une règle » ?

Cependant, certains économistes néo-classiques ont considéré qu'il ne s'agissait pas d'un problème cognitif, mais technique (donc supposé soluble) : la productivité individuelle dans le cas du travail en équipe pose des problèmes de mesure (Malcomson [1981], p. 851-852).

• L'autre limite cognitive concerne l'impossibilité de préciser à l'avance le contenu exact du contrat. Ainsi Joseph Stiglitz [1975] admet que les contrats de salaire au temps ne peuvent spécifier le contenu exact des tâches à accomplir pendant des heures de travail bien définies. En ce sens, les économistes contemporains n'ont fait que redécouvrir, parfois sans le savoir, ce qu'a très bien expliqué le sociologue Émile Durkheim ([1895], p. 190-191), qui avait conscience que la définition des droits et devoirs des contractants ne pouvait se faire d'après un plan préconçu, en raison de l'imprévisibilité du déroulement du contrat. D'un point de vue

1. La « théorie non standard » refuse les deux hypothèses de la « théorie standard », à savoir rationalité illimitée ou substantielle et coordination par le marché, pour postuler une rationalité limitée ou procédurale et une coordination organisationnelle (cf. Favereau [1989]).

rétrospectif, Durkheim ouvrait la voie à une interprétation cognitiviste de l'incomplétude du contrat.

La volonté de ne pas tout prévoir

Selon une dernière raison, l'incomplétude du contrat est en quelque sorte intentionnelle, car elle vient des employeurs eux-mêmes qui ne veulent pas conclure des « contrats contingents complets », c'est-à-dire conditionnels. Ces contrats sont supposés passés sur des marchés de biens conditionnels, qui permettent aux individus de conclure des contrats dépendant de la réalisation de tel ou tel événement, appelé « état de la nature » (cf. Debreu [1959]).

En effet, Arrow et Debreu avaient inventé ce type de contrat pour tenter de rendre compte de l'aléa conditionnel qui pèse sur l'échange. Cette position avait l'avantage de la simplicité, car elle rendait possible la comparaison entre la prestation des services du travail et la vente de n'importe quel bien. De plus, comme l'incertitude est réduite à un risque probabilisable, le principe d'une coordination par le marché où se forment *tous* les prix peut être maintenu. Mais pour que les tribunaux puissent vérifier le bon respect de ces contrats, il faudrait pouvoir dresser la liste de toutes les éventualités et mesurer la productivité du travail, et cela d'une façon objective et précise. Or, c'est impossible à un prix raisonnable. D'où le renoncement des employeurs à de tels contrats.

2. L'incomplétude a-t-elle une solution ?

L'incomplétude du contrat est mise entre parenthèses par la théorie marxiste

Marx introduit l'incomplétude du contrat salarial, à travers la distinction entre travail et force de travail, pour élaborer sa théorie de l'exploitation, qui repose sur le « temps de travail socialement nécessaire ». Or, la manière dont il emploie cette notion, comme une commune mesure de la valeur de la force de travail, suppose la résolution de trois problèmes.

• D'abord, il faudrait montrer que cette notion est une construction sociale, qui n'a rien de naturel. (Pour une démonstration du caractère conventionnel des catégories et, en particulier, du chômage, cf. Salais, Baverez et Reynaud [1986].) Les catégories sont l'un des objets de négociations entre employeurs et employés. Marx ne semble pas s'être intéressé à cette question.

• Ensuite, invoquer le mot « travail » en général suppose de pouvoir considérer celui-ci comme homogène, c'est-à-dire être capable de réduire le travail complexe en travail simple, comme nous l'avons déjà souligné au chapitre I. Or, Marx estime, à certains moments, que cette distinction repose sur « de pures illusions, ou du moins sur des différences qui n'ont plus depuis longtemps aucune réalité et ne vivent plus que par une convention traditionnelle » (Marx, [1867], *Œuvres* I, p. 749, note a, cité par Poulain [1993], p. 524). A d'autres moments, Marx considère au contraire que cette distinction est pertinente, mais que la règle de réduction du travail complexe en travail simple « s'établit dans la société à l'insu des producteurs et leur paraît comme des conventions traditionnelles » (Marx [1867], Éd. Sociales, I, p. 59-60, cité par Lapidus [1993], p. 5). Le recours à la convention, au sens de coutume, ne peut être tenu pour une réponse convaincante à la question.

• Enfin, pour se servir du temps de travail comme commune mesure, il faudrait pouvoir ignorer les différences d'intensité du travail.

Les règles optimales complètent le contrat (la « théorie standard étendue »)

La « théorie standard étendue » est, selon Olivier Favereau ([1989], p. 274), la transformation de la théorie néoclassique traditionnelle, par addition de « l'organisation au marché », Ainsi, acceptant les limites de la théorie de l'équilibre général, elle considère que la formation des salaires ne se réduit pas à la loi de l'offre et de la demande, mais s'intègre dans un système de règles du « marché interne » que Peter Doeringer et Michael Piore [1971] ont mis en évidence (cf. chap. V). L'un des programmes de recherche de la « théorie standard étendue » est de montrer que l'incomplétude du contrat salarial pose un réel problème, mais soluble ; en soulignant « qu'une formalisation satisfaisante n'existe pas encore », les auteurs indiquent, par là même, la possibilité de supprimer cette incertitude.

En s'appuyant toujours sur le critère de rationalité individuelle optimisatrice, la « théorie standard étendue » a aussitôt cherché à prouver que les règles sont le produit d'adaptations rationnelles de la part des entreprises et des salariés (cf. Perrot [1992]). Mais le prix à payer pour sauver la rationalité néo-classique est la nécessité de supposer que le marché est devenu « segmenté ». Dans ces conditions, il ne peut donc plus assurer la coordination des actions des agents.

De plus, les théoriciens démontrent que les institutions (au sens très général de formes collectives d'organisation) sont le résultat inintentionnel du comportement des acteurs (les « effets pervers » décrits par Boudon en sont un exemple). La théorie des jeux qui s'est développée dans cette perspective montre que les institutions proviennent de statégies non coopératives : les individus sont supposés avoir des croyances communes qui permettent la convergence des anticipations (cf. Walliser [1993] et, pour une application au marché du travail, cf. Cahuc [1991], [1993]).

Les règles ne complètent pas le contrat de travail (l'école radicale, la théorie de la régulation et l'économie des conventions)

Les théories non standards estiment que l'incomplétude du contrat salarial est une donnée *structurelle*. Cette position se fonde sur deux arguments.

D'une part, les règles ne sont jamais des mesures exactes

de la qualité et de l'intensité du travail, l'activité humaine ne pouvant, par définition, être « étalonnée » de façon scientifique. Les règles donnent, au mieux, une approximation de la qualité et de l'intensité du travail, ce qui permet une évaluation des salariés, en termes relatifs et non absolus. Il subsiste une incertitude irréductible.

D'autre part, l'autorité ne se réduit pas à des ordres que l'employeur donne au salarié. Il faut tenir compte d'une autre dimension qui échappe au pur rapport d'autorité ; c'est l'adhésion du salarié aux objectifs de l'entreprise, ce qui ne peut évidemment pas être obtenu par des commandements. D'ailleurs les conditions de réussite d'une entreprise reposent autant sur l'obéissance aux règles qu'à l'incitation des salariés à mettre leurs compétences et leur savoir-faire au service de l'entreprise. C'est la différence profonde entre l'échange salarial et l'échange des biens.

Dans ces conditions, si les règles ne complètent pas le contrat, quel est leur rôle ?

3. Le rôle des règles dans la théorie de la régulation et l'économie des conventions

La théorie de la régulation

La théorie de la régulation a surtout cherché à caractériser le rôle des règles dans la dynamique macroéconomique, dont le marché du travail est l'un des éléments.

Pour expliquer les régularités spécifiques à chaque système économique d'une époque donnée, c'est-à-dire son régime d'accumulation, la théorie de la régulation introduit la notion de « formes institutionnelles » (exemple : la négociation collective). La spécificité des « formes institutionnelles » est de « définir la place des individus et des groupes dans la société et de produire des principes d'ajustement, et donc des régularités partielles dans l'ordre économique » (Boyer éd. [1986], p. 17-18). Mais comment des « régularités partielles » peuvent-elles conduire à la cohérence d'ensemble, caractéristique d'un régime d'accumulation donné ? L'essentiel de la

Les concepts clés de la théorie de la régulation

Mode de régulation : « Tout ensemble de procédures et de comportements, individuels et collectifs, qui a la triple propriété de reproduire les rapports sociaux fondamentaux [...], de soutenir et "piloter" le régime d'accumulation en vigueur ; d'assurer la compatibilité dynamique d'un ensemble de décisions décentralisées, sans que soit nécessaire l'intériorisation par les acteurs économiques des principes d'ajustement du système. » (Boyer, [1986], p. 54-55.)

Régime d'accumulation : « L'ensemble des régularités assurant une progression générale et relativement cohérente de l'accumulation du capital, c'est-à-dire permettant de résorber dans le temps les distorsions et déséquilibres qui naissent du processus lui-même. » (Boyer [1986], p. 46.)

Accumulation extensive : elle résulte d'une hausse de la plus-value absolue, obtenue par l'allongement de la durée du travail.

Accumulation intensive : elle s'appuie sur la hausse des gains de productivité (production de plus-value relative) et la consommation de masse.

Formes institutionnelles : « Toute codification d'un ou plusieurs rapports sociaux fondamentaux. » (Boyer [1986], p. 48.)

démonstration s'appuie sur la notion de régulation qui recouvre deux processus d'adaptation : l'ajustement prix-quantités et l'institution. Comment l'assemblage des différentes formes institutionnelles engendre-t-il un régime d'accumulation ? Boyer [1986] répond suivant trois registres : d'abord, par la loi, la règle ou le règlement, car ceux-ci contraignent juridiquement les comportements ; ensuite, par la convention ou le compromis entre les êtres ; enfin, par l'adhésion à un système de valeurs ou de représentations. Cette approche laisse une insatisfaction dans la mesure où il est fait recours à des arguments d'ordre collectif, tels que l'autorité de la loi ou l'acte de foi nécessaire à l'adhésion à des modèles communs de représentation, pour précisément expliquer la formation du collectif. Cette analyse de la genèse des règles tient plus de l'esquisse que d'un tableau achevé. En fait, comme cela a été souligné, la problématique de la régulation consiste surtout à caractériser le rôle des institutions dans les régimes macroéconomiques.

La démarche de l'économie des conventions est différente : son projet est l'élaboration d'« un modèle général de la coordination économique par les conventions », comme André Orléan l'indique par le titre de son chapitre introductif du livre *L'Analyse économique des conventions* (Orléan éd. [1994] ; cf. aussi le numéro spécial de *Réseaux*, « Les Conventions » [1993]). La convention est un cadre commun nécessaire à la coordination marchande, notamment par ses implications cognitives. Elle désigne « le dispositif constituant un accord de volontés [...] ; la convention doit être à la fois appréhendée comme le résultat d'actions individuelles tout comme un cadre contraignant les sujets » (*Revue économique* [1989], p. 143). Ainsi, en adoptant cette définition, les économistes des conventions dénoncent la pertinence de la traditionnelle opposition entre un individualisme réductionniste et un holisme méthodologique (dans le premier cas, n'importe quel collectif est ramené à des rapports inter-individuels ; dans le second cas, les collectifs sont considérées comme des « déjà-là »). Aussi, l'un des principaux axes de recherches des théoriciens des conventions est-il d'élaborer une théorie de l'émergence de formes sociales collectives : les conventions, les normes ou les règles. En dépit de définitions souvent personnelles à chaque auteur, il se dessine un certain consensus sur le fait que la règle et la norme sont considérées comme synonymes et désignent des dispositifs qui traduisent concrètement la convention.

On peut repérer au moins trois façons dont les théoriciens abordent ce problème (pour une revue des autres courants d'analyse, cf. Boyer et Orléan [1993] et Brousseau [1993]).

• En premier lieu, certains chercheurs (Boyer et Orléan [1991], [1993]) mettent l'accent sur le rôle d'*acteurs collectifs* dans l'émergence d'une convention. Pourquoi ? Ayant adopté une approche évolutionniste des conventions, comme l'ont fait Paul David [1985] ou Michel Aglietta [1993], ils montrent, avec les outils de la théorie évolutionniste des jeux, combien est difficile la transformation des conventions, en raison de l'absence de mécanismes endogènes. En s'appuyant sur l'exemple de la norme salariale instaurée par Ford, ils mettent en évidence que la convention fordienne n'est pas issue d'une diffusion progressive endogène, mais passe par des acteurs collectifs, en l'espèce les syndicats et l'État. Ces derniers ont instauré des normes explicites de coordination, ce qui a généré de nouvelles dynamiques macroéconomiques.

• Cependant, ce type de résultat n'est pas une raison suffisante pour renoncer à cette approche. « Un certain nombre d'exemples historiques atteste la possibilité d'une diffusion endogène d'une convention supérieure. » (Boyer et Orléan [1993].) Pour ce faire, ils ont intégré les *phénomènes contextuels et historiques* et ont insisté sur le *rôle des réseaux sociaux* (cf. Granovetter [1993]). Ces derniers rendent irréversibles certains sentiers d'évolution qui conduisent à l'émergence des normes. Dans cette perspective, une norme supérieure peut s'imposer si elle s'appuie sur des réseaux sociaux qui limitent les interactions.

• En troisième lieu, d'autres chercheurs (Eymard-Duvernay, Favereau, Livet, Orléan, Reynaud et Thévenot [1992]) considèrent que les normes sont des cadres pour l'action, ce qui exige une certaine interprétation. D'où l'impossibilité de dissocier genèse et interprétation des normes (le chapitre X explicite cette hypothèse). Les normes s'ordonnent entre deux formes extrêmes selon que l'interprétation requise est faible ou, au contraire, très forte. Cette problématique a déjà donné des résultats : une enquête dans un atelier de maintenance de la RATP a permis de montrer qu'une même norme peut, au cours de son élaboration, passer par tous les degrés possibles d'interprétation (cf. Reynaud [1993c]). Étant inséparables de l'action, elles s'engagent dans une dynamique de révision permanente, ce qui ne met pas de terme à leur genèse.

Les théories traditionnelles du salaire ont deux points communs : concevoir, d'une part, le salaire comme un prix qui avait cependant des qualificatifs distincts : « prix naturel »,

« prix de marché », « prix nominal », « réel », etc. ; bâtir des théories du salaire pour les intégrer dans des théories générales. Leur effondrement entraîne un changement de la notion de salaire. Celui-ci n'apparaît plus seulement comme un prix, mais comme le résultat d'interprétations d'un ensemble de règles. L'étude de la recomposition de théories partielles du salaire autour de la nouvelle microéconomie du travail et de la macroéconomie institutionnelle constitue l'objet des chapitres qui suivent.

Deuxième partie

LES DIFFÉRENTES DIMENSIONS DU SALAIRE DANS LES THÉORIES CONTEMPORAINES

V / Les théories de la détermination du niveau de salaire : le rôle des institutions

Pourquoi le salaire n'est-il pas égal à la productivité marginale du travail ? Les théories présentées dans ce chapitre s'appuient sur des arguments d'ordre *institutionnel*, tels que l'existence de dispositifs étatiques, conventionnels et de syndicats. Il s'agit de la théorie de la régulation et des théories de la négociation salariale. D'autres théories se fondent sur des arguments d'ordre *organisationnel* et seront exposées au chapitre suivant.

1. les fondements institutionnels de la formation du niveau de salaire : la théorie de la régulation

Place de la formation du salaire dans la théorie de la régulation

Étant une théorie des dynamiques macroéconomiques de longue période, la théorie de la régulation a porté une attention particulière aux trois formes institutionnelles constitutives des régimes d'accumulation : la monnaie, la concurrence et le « rapport salarial ». C'est pourquoi la théorie de la régulation a moins développé une théorie du salaire, *stricto*

Organisation et institution : définitions

• Une *institution* comporte trois caractéristiques : c'est un ensemble de règles ; elle a pour but collectif d'être le garant de certaines valeurs ; les règles sont un cadre pour l'action des organisations. Ainsi, dans notre conception, *le Code du travail, les conventions collectives, les accords d'entreprise sont des exemples d'institutions*. En effet, le Code du travail est le garant ultime de la nature de l'équilibre entre les intérêts antagoniques des employeurs et des salariés, en fixant leurs droits et leurs devoirs. Selon les périodes de l'histoire et les domaines, cet équilibre s'établit en faveur des employeurs ou, au contraire, en faveur des salariés. Concrètement, le Code du travail contribue à assurer le déroulement du contrat de travail, en le « complétant ». Quant aux conventions collectives et aux accords d'entreprise, ils garantissent la possibilité d'adapter les dispositifs du Code du travail aux particularités et aux politiques des entreprises d'une même branche ou à l'intérieur d'une même entreprise. Ce type d'institution défend le droit d'adaptation aux spécificités locales, par voie de négociation collective. Enfin, les syndicats de salariés et les confédérations patronales sont les garants de la représentation, au sens politique du terme, des intérêts respectifs des salariés et des employeurs.

• Une *organisation* se définit selon trois critères. C'est un ensemble de règles ; elle se donne des buts collectifs objectivables, en s'appuyant sur les valeurs que lui garantit l'institution, sur les règles institutionnelles qui en sont l'expression et sur ses propres règles. Ainsi une organisation peut se doter de n'importe quels buts collectifs, à condition qu'ils soient légaux. Enfin, l'organisation est l'une des expressions possibles des valeurs défendues par l'institution. En effet, l'organisation interprète les règles institutionnelles, en fonction de ses buts collectifs. A titre d'exemple : par son style de gestion des salariés, chaque entreprise adopte une interprétation de l'équilibre donné par le Code du travail entre les intérêts des employeurs et des salariés. Les entreprises, les associations sportives, culturelles, scientifiques, les fédérations et sections syndicales, etc. sont des exemples d'organisation. Elles se donnent des buts collectifs objectivables qui sont des résultats : faire du profit pour les entreprises ; gagner les compétitions pour les associations sportives ; faire des découvertes ou publier des articles pour les associations scientifiques ; obtenir gain de cause contre l'employeur ou défendre l'emploi pour les sections syndicales, etc.

Une fois cette distinction faite entre institution et organisation, il reste un problème important, qui n'est, à notre connaissance, jamais traité : comment savoir si telle ou telle institution a réussi à garantir les valeurs attribuées initialement ? Dans un cas, la réponse est simple car il y a création d'une institution spécialisée dans l'évaluation d'une autre institution. Ainsi, la Commission nationale des conventions collectives a pour fonction de vérifier le fonctionnement des conventions collectives. Dans les autres cas, les organisations, en agissant et réagissant aux règles institutionnelles, donnent des repères qui servent à l'évaluation. Ainsi, les modes de gestion salariale des entreprises, les stratégies des sections syndicales face aux principes défendus par leur confédération indiquent si les valeurs de l'institution en question ont été bafouées.

sensu, que du rapport salarial. Elle le définit comme « l'ensemble des conditions juridiques et institutionnelles qui régissent l'usage du travail salarié ainsi que la reproduction de l'existence des travailleurs » (Boyer éd. [1986], p. 18). Concrètement, l'organisation du procès de travail, la hiérarchie des qualifications, la mobilité des travailleurs, les principes de formation des salaires direct et indirect constituent les cinq dimensions de ce rapport.

Le rôle de l'État et du contenu de la négociation collective (le cas de la France)

Pour les théoriciens de la régulation, au moins dans les années soixante-dix, le salaire est un rapport social qui est le produit de la lutte des classes (cf. Aglietta [1976], CEPREMAP [1977]). Dans cette perspective, il est logique d'attribuer un rôle décisif à la négociation collective dans la formation du salaire moyen. Plus précisément, la théorie de la régulation met l'accent sur le contenu des négociations, par conséquent sur les institutions qui en ont émergé et leurs répercussions sur le mode de détermination des salaires. Ce courant théorique se distingue ainsi de celui des « relations professionnelles » (*infra*, p. 43-47 sur John Hicks et John Dunlop) qui élabore une théorie du salaire fondée sur la forme et la nature de la négociation.

Quels sont les divers dispositifs issus des négociations collectives et les mesures étatiques qui ont contribué à déterminer le niveau des salaires en France ? Étant donné que la théorie de la régulation aborde toujours les questions dans une perspective historique, la réponse est différente selon les périodes étudiées, ce qui s'oppose à la conception néoclassique qui postule un équilibre anhistorique.

Du début du XXe siècle à l'entre-deux-guerres. — Le coût de la vie devient une référence explicite dans la négociation des salaires (Boyer [1978]). L'inflation de la Première Guerre mondiale accroît la nécessité de donner des bases institutionnelles à ce critère. D'où la création d'un indice du coût de la vie, reconnu par l'État, grâce aux travaux de la Commission centrale du coût de la vie, créée en 1920. De plus, la loi du 8 mars 1938 rend officielle la référence à cet indice lors des procédures d'arbitrage de salaire. Par conséquent, *la norme de consommation ouvrière, à travers la référence au coût de la vie, devient un déterminant essentiel de la formation du salaire*. Ce dernier doit permettre au moins de subvenir aux besoins essentiels des salariés.

Après la Seconde Guerre mondiale. — Cette politique de l'État s'accentue avec la création du salaire minimum interprofessionnel garanti, le SMIG, en 1950 (pour les autres pays de la CEE, cf. Sandoval [1992]). Désormais, le salaire, ne pouvant être fixé en dessous d'un certain plancher, ne peut plus suivre la loi du marché. Ainsi, la norme de consommation ouvrière, qui est le principe constitutif du niveau de salaire jusqu'en 1967, prend des fondements institutionnels de plus en plus solides et « verrouillés ». La référence au coût de la vie donne une garantie au *niveau relatif* des salaires (les normes relatives de consommation sont perceptibles grâce à l'indice du coût de la vie), tandis que l'instauration du SMIG donne une garantie au *niveau absolu* des salaires.

La période de 1968 à 1973. — Les principes antérieurs de formation des salaires se renforcent, en même temps que de nouveaux principes s'introduisent. L'accord sur la mensualisation du salaire en 1970 (la loi de 1978 la rendra obligatoire) renforce la garantie d'un certain niveau de salaire, dans la mesure où celui-ci devient indépendant du nombre de jours calendaires dans le mois. *La tendance à l'uniformisation des niveaux* est obtenue, d'abord grâce à la suppression des abattements de zone pour le SMIG (accords de Grenelle en 1968), ensuite par l'institution du salaire minimum interprofessionnel de croissance, le SMIC, en janvier 1970. Le SMIC ajoute au principe de garantie d'un certain niveau de salaire celui d'un salaire fonction des conditions économiques générales. Cependant, l'uniformisation de la formation des salaires n'implique pas leur égalité. En effet, de nouvelles grilles salariales dans les conventions collectives codifient de façon très précise la hiérarchie des salaires. Celle-ci devient de plus en plus rigide.

Les « contrats de progrès » signés à la suite de négociations collectives dans le secteur public, à partir de 1969, modèrent la tendance au « salaire uniforme », en introduisant une *référence aux progrès spécifiques à l'entreprise*. Mais, avec l'idée de progrès, la présente analyse, restreinte au *niveau* des salaires, glisse d'une façon inéluctable vers celle des principes de leur évolution. Dans la théorie de la régulation, la séparation entre les deux est un peu artificielle.

Ces facteurs institutionnels, résultant des négociations collectives et de la politique de l'État, contribuent à façonner la régulation monopoliste (ou administrée) du salaire : il est de plus en plus déconnecté des lois du marché.

La période ouverte depuis 1974. — Elle est marquée par une certaine *décentralisation* de la formation des salaires. Les négociations collectives tendent à se déplacer de la branche vers l'entreprise, avec les lois Auroux sur l'obligation de négocier les salaires et les classifications dans l'entreprise (1982). Le niveau du salaire peut s'ajuster de façon plus précise aux conditions économiques locales. De plus, l'intéressement des salariés aux résultats de l'entreprise, institué par l'ordonnance de 1986, puis par la loi de 1990, contribuent à subordonner une partie du niveau de la rémunération aux résultats réels de l'entreprise. Les entreprises hésitent de moins en moins à réduire les niveaux absolus de salaire, en échange d'une promesse de garantie d'emploi. Selon certains, c'est déjà l'aube d'un nouveau mode de régulation, le « post-fordisme ».

Si cette analyse du cas français insiste sur l'importance de l'État parmi les institutions, il ne faudrait pourtant pas en déduire que la théorie de la régulation a une vision étatique des institutions. Il revient d'ailleurs à Michel Aglietta d'avoir mis le premier en évidence le rôle des « formes institutionnelles » dans la formation des salaires, à partir de l'étude des États-Unis, où le pouvoir de l'État est tempéré par celui des forces syndicales.

Tout se passe comme si la théorie de la régulation n'avait guère intérêt à isoler une théorie de la formation du niveau des salaires pour en faire une sous-théorie du rapport salarial. En effet, le rapport salarial est considéré comme le niveau d'analyse pertinent pour contribuer à expliquer les dynamiques macroéconomiques en longue période. Il est donc logique que la théorie de la régulation, au lieu de réduire la relation salariale au seul problème de la formation du taux de salaire, comme l'a fait la théorie néo-classique traditionnelle, étudie les articulations possibles entre la relation salariale et le rapport salarial.

2. Le rôle des institutions syndicales : les théories de la négociation salariale

Les théories de la formation du niveau de salaire qui mettent l'accent sur le rôle des syndicats devraient contenir, de façon plus ou moins sophistiquée, une théorie de cette institution. En effet, l'intervention d'un acteur collectif rend inévitable une réflexion sur sa constitution, son statut, ses intentions, ou, pour emprunter le langage néo-classique, la possibilité d'agréger les préférences individuelles. Ainsi, peut-on prêter des intentions au syndicat ? Peut-on définir un objectif syndical ? De quoi se déduit-il ? Comment formaliser les objectifs syndicaux ?

« La théorie des conflits industriels » (John Hicks)

John Hicks ([1932], chap. 7) caractérise son analyse de « théorie des conflits industriels ». Il considère deux groupes : les syndicats de salariés et les associations d'employeurs. Ces derniers calculent s'il est plus rentable de faire des concessions aux salariés que de leur résister, mais en risquant de subir une grève qui se révélerait peut-être plus coûteuse que le montant des revendications salariales.

Ainsi, le taux de salaire résulte de l'interaction entre la capacité de résistance du syndicat et la capacité de faire des concessions de l'employeur. John Hicks représente cette situation par le graphique 2.

GRAPHIQUE 2. — LA FORMATION DES SALAIRES DANS LE MODÈLE DE HICKS

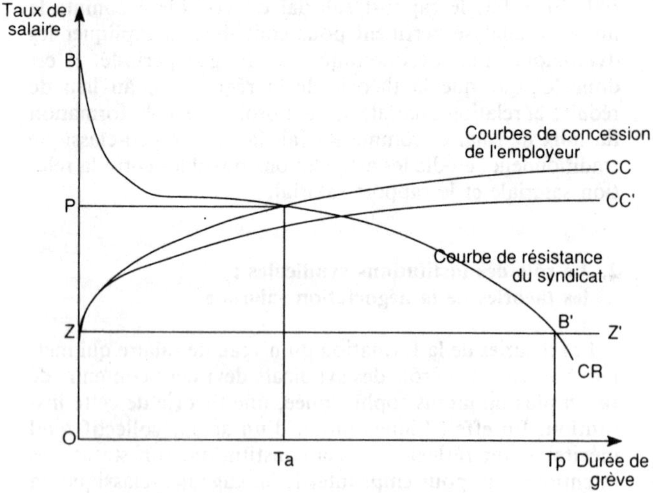

La courbe de résistance du syndicat (CR) définit le salaire que cette organisation est prête à accepter en renonçant à faire grève. Autrement dit, cette fonction représente le temps pendant lequel les salariés préfèrent ne pas travailler, plutôt que de gagner un niveau de salaire jugé trop bas. CR a pour ordonnée à l'origine le point B qui est le taux de salaire demandé par les syndicats. Ce taux ne satisfaisant pas les employeurs, la grève éclate. A mesure que celle-ci se prolonge, le taux de salaire exigé par les syndicats diminue jusqu'au point B' qui correspond au taux de salaire (Z) initialement offert par l'employeur, avant la grève. B' coupe l'axe ZZ' car il y a un temps maximal au-delà duquel les syndicats ne peuvent plus continuer la grève.

La courbe de concession (CC) de la coalition d'employeurs représente le taux de salaire que celle-ci est disposée à verser pour ne pas risquer une grève. Cette fonction est croissante car l'organisation des employeurs est prête à augmenter les salaires pour éviter une grève, mais jusqu'à un certain point : les syndicats ont conscience qu'il y a une limite réaliste au niveau de salaire qu'il est possible de négocier.

Si chaque groupe connaissait la stratégie de l'autre, il n'y aurait pas de grève, et P serait le niveau de salaire qui mettrait d'accord employeurs et salariés. En fait, John Hicks fait l'hypothèse d'une incertitude sur les stratégies des acteurs. Par conséquent, l'accord peut tout à fait être conclu à un taux inférieur à P si le syndicat sous-estime la capacité de concession de l'employeur et fait une proposition sur la base de la courbe CC'.

L'intérêt de ce modèle est d'introduire le temps et les capacités stratégiques des acteurs dans la formation des salaires. Cependant, sa faille tient au fait que l'on ne comprend pas d'où viennent les institutions ; les acteurs collectifs sont « déjà-là ». Les théoriciens néo-classiques ont d'ailleurs conscience que l'action collective ne peut être expliquée à partir de la seule rationalité individuelle, sans tomber sur le problème du « passager clandestin » : comment des individus rationnels peuvent-ils se soumettre à des buts collectifs sans chercher, d'abord, leur propre intérêt ? Se heurtant à cette question, les théoriciens néo-classiques contemporains estiment qu'après tout l'existence des institutions est à considérer comme une hypothèse qui n'est pas plus *ad hoc* que celle du commissaire-priseur dans la théorie de l'équilibre général (Cahuc [1990], p. 21). Il n'y a donc pas de place pour une réflexion sur l'émergence d'une rationalité collective.

De la détermination du taux de salaire à celle de la structure salariale (John Dunlop)

Le rôle des syndicats. —

• Comme chez John Hicks et bien d'autres, le collectif est traité de la même manière que l'individu néo-classique rationnel. Il en résulte que « le syndicat est une unité de prise de décision » (Dunlop, [1944], éd. [1950], p. 4), qui maximise une fonction objectif : « Une théorie économique du syndicat exige de supposer que l'organisation maximise (ou minimise) quelque chose. » (Dunlop éd. [1950], p. 4.) Ainsi, en pratique, le syndicat maximise soit le produit salaire-emploi, c'est-à-dire la masse salariale (ce qui est le cas le plus courant), soit le salaire seul, soit encore l'emploi seul (Dunlop éd. [1950], p. 5).

• De plus, Dunlop estime possible de mesurer le « pouvoir de négociation » des syndicats (Dunlop éd. [1950], p. 32).

• Enfin, il considère que la taille du syndicat dépend du niveau du salaire. Autrement dit, plus les salaires sont élevés, plus les adhérents sont nombreux. Cette hypothèse est contestable dans la mesure où elle suppose une efficacité quasi absolue de l'action syndicale, qui est démentie par les faits. Comme dans la théorie néo-classique, *l'efficacité de l'action est un postulat, l'agent maximisateur atteint toujours son but.*

Dunlop limite l'institution syndicale à deux aspects. D'une part, il en fait un simple substitut du salarié « représentatif » néo-classique, dans la négociation salariale avec l'employeur. D'autre part, il remplace la courbe classique d'offre de travail par une « fonction d'affiliation » du syndicat. C'est « l'estimation par les dirigeants syndicaux de la quantité de travail qui sera recueillie par le syndicat pour chaque taux de salaire » (Dunlop éd. [1950], p. 33). Le taux de salaire résulte de la confrontation entre la courbe néo-classique de demande de travail et la fonction d'affiliation du syndicat.

Comme le souligne Laurent Thévenot, « la tradition institutionnaliste s'est toujours caractérisée par l'attention portée aux contraintes de l'action économique qui ne relèvent pas du marché » [1989]. Dunlop, en tant que fondateur de ce courant, attribue une place primordiale aux syndicats dans la détermination des salaires (cf. Vercueil [1993], sur les rapports entre l'institutionnalisme et l'économie des conventions). Cependant, dans ce domaine, *il procède plus à un « habillage institutionnel » de la théorie néo-classique qu'à une profonde rupture avec celle-ci.*

La non-unicité du taux de salaire. — Dunlop ([1944], [1957]) estime que la détermination d'un taux unique de salaire est une réponse incomplète et imparfaite à la question de la formation du salaire. Ce dernier n'est pas unique ; plusieurs taux sont compris dans une « zone d'indétermination du salaire ». C'est la « structure salariale » *(wage contours)*. La taille de cette zone varie d'un marché à l'autre, selon le degré de perfection de la concurrence qui s'y exerce. Plus le marché est proche de la concurrence parfaite, moins la dispersion des salaires est élevée.

Dunlop [1957] fournit une bonne illustration de cette notion dans son étude sur les firmes de Boston. Il montre que la structure salariale est en grande partie déterminée par les caractéristiques du marché de l'industrie, telles que le degré de concurrence, la taille de la firme, la nature de la main-d'œuvre, etc. La structure salariale est déterminée par les taux de salaire pratiqués par la première entreprise. Une même entreprise peut avoir plusieurs structures salariales : c'est le cas des firmes multiproduits qui dépendent d'industries extérieures et donc aussi des structures salariales de ces dernières. De plus, comme une structure salariale est limitéc à un type particulier de qualification et d'emploi, une même entreprise a autant de structures salariales différentes que d'emplois distincts.

Les modèles du « contrat optimal » et du « droit à gérer » face à l'agrégation des préférences individuelles

Dans les théories de la négociation salariale des années quatre-vingt, le salaire résulte de la confrontation entre les objectifs de l'entreprise et ceux du syndicat. Dans la théorie du « contrat optimal » de Mac Donald et Solow [1981], la négociation porte à la fois sur le salaire et l'emploi, ce qui devançait la réalité (française) de plus de dix ans !... En revanche, dans la théorie du « droit à gérer », conçue par Stephen Nickell [1982], la négociation collective ne concerne que le niveau de salaire, l'entreprise se réservant le droit de « gérer », seule, le volume d'emploi (pour un exposé complet de ces modèles, cf. Cahuc [1990], [1991] et Perrot

Le syndicat est-il un agent maximisateur ?

Arthur Ross [1948] a avancé deux objections au postulat selon lequel le syndicat peut maximiser un objectif. En premier lieu, ce dernier ne peut transcender les préférences individuelles. Il devrait s'en déduire, si l'on veut rester dans la logique de la rationalité néo-classique. Cette critique de Ross est intéressante, car elle insiste sur le fait qu'une institution composée d'individus rationnels peut avoir des buts différents, selon le degré d'hétérogénéité de ses membres, la nature de la direction, les règles d'organisation dont elle s'est dotée, etc. En outre — seconde objection —, pour Ross, ce postulat correspond à une vision réductrice de l'institution syndicale, parce qu'il considère sa dimension économique comme la seule pertinente. Les dimensions sociales et politiques sont complètement ignorées. Ross estime, pour sa part, que le syndicat est une organisation politique ([1948], p. 12), dans la mesure où ses décisions résultent d'un rapport de forces qui s'exerce à deux niveaux successifs : d'abord, entre les membres syndiqués, qui ont des préférences différentes, et ensuite entre les membres et leur direction. Au sein de celle-ci, des intérêts individuels et collectifs peuvent être contradictoires. A supposer que la direction soit composée d'une seule personne, il lui faut à la fois assurer le renouvellement de son mandat et développer le syndicat.

[1992]). A la différence des théories de Dunlop et de Hicks, les modèles contemporains affrontent le problème de l'agrégation des préférences individuelles en une « préférence collective ». Mais l'hypothèse posée en guise de « solution » à ce problème théorique est tout à fait *ad hoc*. En effet, tous les salariés sont supposés identiques et donc avoir les mêmes préférences.

Malgré cette hypothèse contestable, le modèle du « droit à gérer » correspond mieux à la réalité que celui du « contrat optimal », comme le montrent les études empiriques tant sur données agrégées que sur données de panel (Nickell et Andrews [1983], Cahuc et Laurent [1988], Cahuc, Sevestre et Zajdela [1990]). Mais les tests empiriques, en raison de la lenteur des collectes statistiques, portent toujours sur une réalité dépassée par les évolutions récentes. A cet égard, on peut se demander si le modèle du contrat optimal ne sera pas considéré, dans quelques années, comme le modèle pertinent, si la tendance actuelle des entreprises à négocier à la fois les niveaux de salaire et d'emploi se confirme.

3. Les théories du lien entre le degré de centralisation des négociations et le niveau des salaires

Dès lors que la négociation collective est jugée comme un facteur institutionnel pertinent dans la formation des salaires, il faut aussi tenir compte des répercussions du degré de centralisation de la négociation sur le niveau des salaires (les conséquences sur leur dispersion feront l'objet du chapitre VII).

D'après les travaux pionniers de Bruno et Sachs [1985], lorsque les négociations salariales se déroulent à un niveau centralisé, comme celui des branches professionnelles ou de l'État, les salaires sont relativement moins élevés qu'ailleurs. L'explication donnée se fonde sur l'existence des syndicats qui tiennent compte, au cours de la négociation, de toutes les conséquences macroéconomiques — notamment sur l'emploi — d'exigences de salaires élevés.

Cette thèse a été critiquée par Calmfors et Driffils [1988] sur des bases empiriques : ils montrent que les systèmes de négociations extrêmes — très centralisés et très décentralisés — sont les plus performants car ils conduisent à une modération salariale, donc à un niveau d'emploi satisfaisant. En effet, selon Calmfors et Driffils, lorsque la centralisation des négociations est faible, c'est-à-dire au niveau de l'entreprise ou de l'établissement, les forces concurrentielles jouent en faveur de la modération salariale. Les auteurs aboutissent au même résultat lorque la centralisation est élevée, car les syndicats intègrent les contraintes macroéconomiques dans les négociations. A l'appui de leur démonstration, Calmfors et Driffils posent l'hypothèse néo-classique de la relation inverse entre la demande de travail et le salaire réel. Les auteurs justifient cette hypothèse, en raison de sa conformité aux résultats obtenus par Metcalf [1987].

La relation entre le degré de centralisation des négociations salariales et le niveau de salaire est représentée par une courbe « en cloche » (graphique 3 page 51). Calmfors et Driffils l'ont vérifiée pour la plupart des pays de l'OCDE, entre 1974 et 1985 : les États-Unis, la Suisse, le Japon et le Canada sont des pays où la négociation est très décentralisée, tandis que la Suède, la Norvège et l'Autriche illustrent le cas d'une forte centralisation. Par rapport aux pays intermédiaires comme la France, l'Allemagne et la Belgique qui ont des performances macroéconomiques moyennes, les deux groupes extrêmes ont des niveaux de salaires modérés, et donc de meilleurs résultats macroéconomiques : le taux de chômage y demeure faible, comparé au groupe intermédiaire.

Cette thèse peut être contestée à un double titre : Calmfors et Driffils ne s'intéressent qu'au salaire et à l'emploi moyens. Ils ne tiennent pas compte des disparités de salaire, ce qui est pourtant un élément important pour juger de l'équité salariale. De plus, les auteurs font comme si les structures de négociation salariale étaient identiques d'un pays à l'autre, et comme si les salariés avaient la même capacité d'organisation. Le mode de formation des salaires est censé être imperméable aux différences institutionnelles (le degré de centralisation de la négociation salariale).

Ainsi, ces théories qui, pour des raisons diverses, sont conduites à répondre à la question de l'inégalité entre le salaire et la productivité marginale atteignent deux objectifs : d'une part, elles formulent une théorie du salaire dont le degré d'élaboration dépend de la place occupée par cette question dans la problématique d'ensemble ; d'autre part, elles adressent une critique au modèle néo-classique traditionnel, en montrant que le salaire n'est pas une variable d'ajustement de marché.

Les théories des négociations salariales parviennent à formuler une théorie spécifique du salaire, mais *au prix d'un renoncement à une théorie des institutions ou des règles*. Ce renoncement s'exprime par l'une ou l'autre des deux attitudes suivantes : soit l'institution syndicale est supposée « déjà-là », ce qui est logiquement incompatible avec le principe de rationalité classique que la théorie postule par ailleurs ; soit l'institution est considérée comme la simple agrégation de

GRAPHIQUE 3. — RELATION ENTRE CENTRALISATION ET NIVEAU DU SALAIRE RÉEL

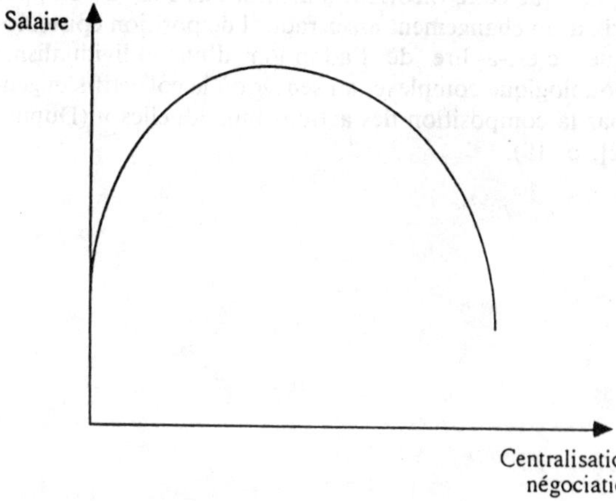

préférences individuelles identiques, ce qui est une façon d'évacuer le problème de la constitution du collectif.

La théorie de la régulation relative à la formation du niveau de salaire, dans la version présentée par Michel Aglietta et les chercheurs du CEPREMAP, ne tombe sous le coup de la même critique que pour une certaine période de ses travaux : jusqu'à la fin des années quatre-vingt. Le courant de la régulation avait, à cette époque, construit une théorie des fondements institutionnels de la formation des salaires sans théorie des institutions ; cette absence s'expliquait par l'adhésion au holisme méthodologique. Les institutions étaient considérées comme des données irréductibles. Pendant cette période, la théorie de la formation des salaires pouvait être qualifiée de substantive dans la mesure où l'accent était mis sur le contenu des négociations plutôt que sur leur modalités. Cependant, depuis le début des années quatre-vingt-dix, la théorie de la régulation a développé une conception évolutionnaire des institutions, en intégrant les phénomènes contextuels, historiques et les réseaux sociaux, comme le montrent les recherches récentes menées par Robert Boyer et André Orléan (cf. chap. IV *supra*). Il faut souligner que cette théorie des institutions s'est développée au prix d'un changement assez radical de position épistémologique, c'est-à-dire de l'adoption d'un individualisme méthodologique complexe, au sens « où le collectif s'engendre par la composition des actions individuelles » (Dupuy, [1992], p. 19).

VI / Les théories de la détermination du niveau de salaire : le rôle de l'organisation

A la différence du chapitre V, qui expose les théories fondées sur des arguments d'ordre institutionnel pour expliquer l'inégalité entre le salaire et la productivité marginale du travail, ce chapitre présente les théories qui s'appuient sur des arguments d'ordre organisationnel. Les entreprises sont les seuls collectifs considérés ici. Leurs stratégies consistent à créer des « marchés internes », à tirer parti de la concurrence (et à la susciter) entre les salariés travaillant déjà dans l'entreprise et les individus extérieurs, à attirer les meilleurs salariés, à réduire le « turn-over », etc., et à chercher une certaine équité salariale.

Mis à part leurs argumentations, qui se réfèrent à des formes sociales différentes, ces théories se distinguent de celles exposées au chapitre précédent par la place donnée, dans leur problématique générale, à la relation entre le salaire et la productivité marginale du travail. Les théories fondées sur des arguments institutionnels considèrent parfois cette relation comme un problème secondaire qu'il leur faut résoudre avant d'affronter un problème plus vaste (par exemple, identifier différents régimes d'accumulation, pour la théorie de la régulation). Par comparaison à ces dernières, les présentes théories ont une vocation beaucoup plus grande à être des « théories du salaire en soi ». En effet, l'explication de la formation du niveau des salaires est indissociable de l'élaboration de théories du marché du travail et du chômage, ce qui est l'objectif ultime de ces analyses.

1. « Marchés internes » et « externes » dans la théorie de Doeringer et Piore

La théorie de Doeringer et Piore illustre notre dernière remarque. Leur analyse de la formation du niveau des salaires est essentielle à l'élaboration d'une théorie originale du marché du travail (cf. Doeringer et Piore [1971], chap. 4).

La formation des salaires sur les marchés « externes » et « internes »

Doeringer et Piore [1971] font la synthèse des nouvelles réflexions sur le marché du travail de la fin des années soixante, en montrant le « dualisme » ou la « segmentation » de ce marché. D'où l'existence de deux processus distincts de détermination des salaires, selon qu'il s'agit du marché « externe » ou du marché « interne » (pour une présentation complémentaire de cette théorie, cf. Perrot [1992]).

Le marché « externe » s'apparente, pour ces théoriciens, au marché concurrentiel néo-classique. Les règles qui le constituent dépendent d'un processus « plus ou moins concurrentiel » ([1971], p. 4). En effet, « les décisions de rémunération, d'allocation et de formation sont contrôlées par les variables économiques » ([1971], p. 2). Par conséquent, ces règles sont souples et susceptibles d'être modifiées par des changements de conditions de concurrence. Doeringer et Piore ne s'étendent pas sur le sens des termes « variables économiques ». Cette expression est parfois assimilée aux « forces concurrentielles » ([1971], p. 3) qui désignent sans doute le jeu supposé de l'offre et de la demande. Les auteurs ne se sont donc pas complètement séparés du modèle néo-classique avec lequel ils entretenaient, au moins en 1971, des rapports parfois ambigus.

Le marché « interne » se définit comme « une unité administrative, un établissement industriel, par exemple, à l'intérieur duquel la rémunération et l'allocation du travail sont régies par des procédures administratives » ([1971], p. 1-2). Parmi celles-ci, la fixation du niveau de salaire selon le poste occupé est la plus importante. Pour se justifier, Doeringer et Piore se fondent sur une observation fine du marché du travail américain : d'abord, les entreprises procèdent à l'évaluation des postes, grâce à certaines techniques, ce qui leur permet d'établir une hiérarchie interne des niveaux de salaire. Ensuite, elles achètent des enquêtes de salaire, qui leur donnent les moyens d'une bonne comparaison avec les pratiques salariales extérieures (Doeringer et Piore, [1971], p. 66-71, et cf. Reynaud [1993b] pour une description des enquêtes de salaire et des méthodes d'évaluation des postes). Enfin, les entreprises tiennent compte des compétences individuelles pour la fixation du salaire. Elles procèdent donc à une différenciation des salaires, à l'intérieur de la hiérarchie des postes. C'est pourquoi plusieurs niveaux de salaire peuvent correspondre à un même poste (Doeringer et Piore [1971], p. 70-71).

Mais une fois que Doeringer et Piore ont énoncé le principe essentiel selon lequel la formation des salaires dépend de règles administratives ([1971], p. 2), ils le tempèrent un peu plus loin (p. 64), pour deux raisons. D'une part, la coutume stabilise les règles fixées sur chaque marché « interne » et sert de précédent en cas de codification en accords collectifs négociés ([1971], p. 35-36). D'autre part, les « forces économiques » permettent à Doeringer et Piore d'affirmer que le marché « interne » n'est pas l'exact opposé du marché externe concurrentiel ([1971], p. 64). D'ailleurs, les règles du marché « interne » dépendent aussi du marché concurrentiel, mais à un moindre degré. D'où leur relative rigidité ([1971], p. 5). Ces deux marchés s'opposent, de la même façon que des types idéaux, auxquels on associe une série d'oppositions symétriques : ancienneté faible/élevée, qualification générale/spécifique, bas salaires/hauts salaires, etc.

La réduction de l'incertitude est l'argument abstrait et général avancé pour expliquer l'origine des marchés « internes » ; cependant, ces derniers sont aussi le résultat de facteurs plus concrets et particuliers comme la recherche d'une baisse des coûts salariaux, notamment grâce à la diminution du taux de rotation de la main-d'œuvre. Pour y parvenir, l'entreprise donne à son personnel une qualification spécifique, difficilement transférable à l'extérieur. Sur ce point, Doeringer et Piore apparaissent comme des précurseurs de la théorie du « salaire d'efficience » (présentée p. 61).

Pour Doeringer et Piore, la formation des salaires sur le marché « interne » doit être considérée non comme un phénomène étrange, mais comme un processus normal des organisations marchandes ([1971], p. 84), contrairement au jugement porté par la plupart des néo-classiques des annnées soixante-dix.

Une théorie des faits stylisés

Il ne manque pas d'exemples de divers pays qui confirment la pertinence d'une distinction de processus de gestion de la main-d'œuvre sur les marchés « internes » et « externes » (pour l'étranger, cf. Wilkinson éd. [1983] ; et pour la France, cf. Eymard-Duvernay [1981] et Glaude [1986]). Dans Reynaud [1986], nous avons montré, pour la France en 1978, qu'à l'opposition entre marchés « externes » et « internes » correspondent deux modes de formation des salaires : le premier correspond à ce que Doeringer et Piore appelle « segment secondaire » ; il se caractérise par des secteurs et des entreprises qui pratiquent des bas salaires, en employant surtout des jeunes et des manœuvres. Il concerne principalement des petits établissements, qui s'ajustent à la conjoncture de façon systématique par des licenciements économiques (soulignons qu'à la date de l'enquête — 1978 — le taux de chômage était de 5,3 % ; il s'élevait à 12 % en janvier 1994). Le mode de fixation des salaires dépend de la difficulté de prévision et de planification à long terme de ces petites et moyennes entreprises (PME). Par conséquent, les formes de salaire les plus répandues pour les ouvriers sont le salaire à l'heure (en 1978, la loi sur la mensualisation venait tout juste d'être votée) et la mensualisation sans avantage supplémentaire par rapport à la loi en cas de maladie, ni de treizième mois. Ces règles salariales traduisent l'horizon limité des

PME. D'où le terme « flexible » pour caractériser les salaires et la gestion de l'emploi dans cet ensemble.

Le second mode de formation des salaires présente, par comparaison, des caractéristiques opposées. Il renvoie au « segment primaire », composé de grands établissements qui versent de hauts salaires en raison de l'emploi de salariés qualifiés (beaucoup d'agents de maîtrise), relativement âgés et dont l'ancienneté est forte. Le mode de fixation des salaires adopté est déconnecté des mouvements conjoncturels : la progression du salaire à l'ancienneté est une pratique courante ; la mensualisation s'accompagne d'avantages sociaux : le salarié est indemnisé à 100 % en cas de maladie. D'où le terme « rigide » pour caractériser les salaires et l'ajustement de l'emploi.

Pour 1986, nous avons retrouvé les mêmes types de formation des salaires (cf. Reynaud [1990a]). Enfin, en 1991, une enquête auprès des responsables des quarante-sept plus grandes entreprises implantées en France nous a permis de vérifier la force du modèle de type marché « interne », pour les règles de formation des salaires. En particulier, le poste, aux frontières précises, demeure le principe essentiel de fixation du salaire de base (cf. Reynaud et Najman [1992a] et [1992b])

La percée théorique de Doeringer et Piore est incontestable. En effet, le dualisme entre les marchés « interne » et « externe » permet de démontrer le caractère mythique du marché concurrentiel dont le marché « externe » ne pourrait être l'incarnation, notamment en raison de l'existence du chômage. Le salaire n'est donc pas une variable d'ajustement de marché. Ainsi, la théorie du salaire de Doeringer et Piore a entraîné une modification du programme de recherches des néo-classiques contemporains : d'une part, en incitant à la recherche de fondements rationnels à la persistence du chômage et, d'autre part, en ouvrant le champ à l'élaboration de nouvelles théories du marché du travail (cf. Perrot [1992], pour l'exposé de ces travaux récents).

2. La théorie « insiders-outsiders » : l'entreprise piégée par sa propre stratégie et celle des « insiders »

La théorie du salaire relative aux modèles « insiders-outsiders » est, à notre sens, la figure inversée de la théorie du salaire contenue dans la problématique de la segmentation. Pour cette dernière, en effet, le niveau de salaire dépend des stratégies des entreprises ; c'est le contraire dans la théorie « insiders-outsiders » : le niveau du salaire résulte, d'une part, des stratégies des salariés déjà employés dans l'entreprise (les « insiders ») et, d'autre part, des conflits d'intérêts entre ces derniers et les candidats potentiels (les « outsiders »). Ce *renversement, dans l'analyse, du mode de formation des salaires* commence à se dessiner en 1984, avec le premier document de travail d'Assard Lindbeck et Dennis Snower (les articles sont publiés à partir de 1985 : cf. Lindbeck et Snower [1985], [1986] et Solow [1985]).

Selon cette théorie, « insiders » et « outsiders » ne sont pas des salariés parfaitement substituables. Les premiers ont un net avantage sur les seconds car ils travaillent déjà dans l'entreprise. Mais, évidemment, une explication aussi sommaire de cet avantage ne résume pas la théorie. Sans trahir son objectif, qui consiste à analyser les causes et les conséquences de cet avantage sur le salaire et le chômage, il paraît nécessaire d'insister sur la dynamique de la rente acquise par les « insiders ». *L'atout possédé par les « insiders » se transforme en une rente de situation.* Il s'est donc engagé un processus irréversible qui a des conséquences sur la formation du salaire. Si l'une des ambitions de la théorie « insiders-outsiders » est de fournir les moyens de comprendre cette transformation, nous proposons de l'interpréter non seulement comme le résultat inintentionnel des stratégies de l'entreprise, mais aussi comme le résultat intentionnel des stratégies des « insiders ».

La rente des « insiders » comme résultat inintentionnel des stratégies de l'entreprise

La rente acquise par les « insiders » peut être considérée comme le résultat inintentionnel des stratégies de l'entreprise. Les avantages que lui procurent certaines politiques se retournent parfois contre elle. Cette théorie s'appuie sur deux cas.

Dans le premier cas, si l'entreprise trouve avantageux de retenir son personnel, en faisant des économies liées aux coûts de rotation de la main-d'œuvre (frais d'embauche, dépenses de formation, coûts de licenciement, etc.), elle y trouve aussi des inconvénients, plus grands que les avantages. Ainsi, il coûte plus cher à l'entreprise de licencier les « insiders » pour recruter des « ousiders », même à un salaire plus faible, que de les garder. Cette proposition exigerait d'être vérifiée car la théorie semble ainsi faire abstraction des aides à l'embauche et des possibilités de substitution des jeunes aux plus âgés. Admettons cet effet direct du coût de rotation, il s'y ajoute un effet indirect : le licenciement de certains « insiders » entraînerait une dégradation de l'atmosphère de travail et donc une chute de la productivité. Comme les salariés en ont une parfaite conscience, ils cherchent à exploiter cette situation lors des négociations salariales. C'est ainsi que l'entreprise devient prisonnière des « insiders ».

Dans le second cas, l'entreprise peut avoir, en raison du coût des négociations, une préférence pour le présent, ce qui, dans le cadre précis de la négociation, constitue une contrainte. On peut facilement imaginer le cas où l'entreprise est obligée de procéder à une négociation séquentielle : elle commence par une négociation salariale avec les « insiders » et, après un certain délai, s'adresse aux « outsiders ». Shaked et Sutton [1984] montrent ainsi que l'entreprise dépense moins en gardant un « insider », parce qu'elle lui a déjà consacré du temps en négociant avec lui. Par conséquent, la présence des « outsiders » ne trouble pas la situation des « insiders ». Ces derniers reçoivent un salaire supérieur à celui du marché et à celui des « outsiders ».

La rente des « insiders » comme résultat intentionnel de leurs stratégies

La rente des « insiders » peut être considérée comme le résultat intentionel de leur stratégie, qui consiste à se rendre indispensables. Si l'employeur manifeste son intention d'embaucher des « outsiders », les « insiders » peuvent, après s'être concertés, menacer de marginaliser les « outsiders », en ne coopérant pas avec eux. L'intérêt des « insiders » est de créer une différence de productivité avec les « outsiders », afin d'augmenter encore leur coût de remplacement. Cette stratégie est d'autant plus crédible que les « insiders » savent estimer le coût de leur licenciement.

Évaluation de la théorie

Le salaire maximal que les « insiders » peuvent exiger est celui à partir duquel l'entreprise préfère embaucher des « outsiders », même si elle doit faire des dépenses pour les intégrer (dépenses de formation, par exemple). Le niveau de salaire s'établit entre le salaire du marché et le salaire maximal, mais majoré des coûts de rotation de la main-d'œuvre. Ainsi, le niveau de salaire provient de la coalition des « insiders » ou des contradictions des stratégies d'entreprise. Ces deux explications du niveau de salaire nous amènent à faire quatre remarques.

• Il s'est écoulé treize années (le livre de Doeringer et Piore sur la segmentation paraît en 1971) avant que ce changement de perspective relatif aux salaires commence à s'amorcer. En mettant l'accent sur les capacités de défense des « insiders », la théorie ajoute certes une autre dimension *au marché « interne », qui n'apparaît plus seulement comme une unité administrative régie par des règles, mais aussi comme une organisation de salariés*. Mais, par-delà la complémentarité de la notion de marché « interne » et de celle « d'insiders », les deux théories défendent finalement des positions diamétralement opposées quant à la formation du niveau de salaire. On rappelle que, dans la théorie de la segmentation, le salaire dépend de la stratégie des entreprises, tandis que dans la théorie « insiders-outsiders » le salaire résulte de la stratégie des « insiders » et des conflits d'intérêts entre « insiders » et « outsiders ».

• La théorie « insiders-outsiders » traduit bien la conception de *l'entreprise comme lieu de rapports de forces*. A cet égard, Hélène Zajdela [1991] a montré que ce courant donne un fondement théorique à la syndicalisation du segment « primaire » (qui se définit par des caractéristiques favorables aux salariés : contrats à long terme, qualification et salaire élevés, etc. ; cf. Doeringer et Piore [1971]). Cela renforce encore l'intérêt d'analyser le rôle de l'institution syndicale dans la formation des salaires (cf. chap. v).

• La théorie *relativise*, mais de façon tout à fait implicite, *les avantages du marché « interne »* décrits par Doeringer et Piore.

• Enfin, elle exprime *la myopie des entreprises* ; le modèle de la négociation séquentielle avec une préférence pour le présent en est un cas flagrant. Une telle myopie paraît même être un caractère général des entreprises (Reynaud et Najman [1992a], chap. 5, développent cet aspect).

Telles sont quatre conclusions inintentionelles de la théorie « insiders-outsiders »...

Mais deux problèmes demeurent. En premier lieu, l'argument fondé sur la tactique de coalition des salariés est-il plausible ? Cette statégie suppose une cohésion du collectif ; comment s'opère-t-elle ? A quelles conditions ? D'après les travaux empiriques de Pierre Cahuc, Patrick Sevestre et Hélène Zajdela [1990], qui se fondent sur la théorie des jeux non coopératifs, les « insiders » n'ont pas toujours la possibilité de créer une rente de situation.

En second lieu, dans la mesure où cette théorie mobilise des phénomènes spécifiques aux organisations, comme les coalitions et conflits entre les salariés, et les effets « pervers » des stratégies d'entreprise, elle donne des arguments nouveaux pour expliquer l'inégalité entre le salaire et la productivité marginale du travail. Il n'en reste pas moins que la connaissance de la formation du niveau de salaire reste sommaire ; en effet, la théorie suppose une *stabilité des règles salariales*, grâce à l'analyse de l'irréversibilité des marchés « internes », mais apporte peu de précisions sur le niveau des salaires. La faiblesse de la théorie « insiders-outsiders » réside dans l'importance excessive accordée aux niveaux absolus de salaire, quels que soient les différentiels de salaire entre les « insiders » et les « outsiders ». Pourtant, il nous semble que les différences de salaires jouent un rôle décisif dans la formation des niveaux absolus de salaire. Cette perspective conduit à la présentation des théories du salaire d'efficience, car l'une d'entre elles, développée par Georges Akerlof, s'attache précisément à intégrer ces différentiels dans la formation des salaires.

3. La version économique du salaire d'efficience

L'objectif théorique poursuivi par les modèles de salaire d'efficience est d'étendre le cadre d'analyse néo-classique de la formation des salaires. Il s'agit toujours d'expliquer pourquoi le salaire diffère de la productivité marginale du travail. Mais, à la différence des théories déjà exposées dans ce chapitre, la théorie du salaire d'efficience, dans ses versions économique ou sociologique, montre que les écarts de salaire constituent un aspect au moins aussi important que les niveaux absolus.

Les trois modèles de salaire d'efficience, exposés dans cette section (cf. l'introduction d'Akerlof et de Yellen, éd. [1986] et Perrot [1992], p. 53-66 pour une présentation centrée sur le marché du travail), justifient l'existence d'un niveau de salaire supérieur à celui du marché, même en période de chômage, par des arguments strictement économiques. En effet, le salarié qui propose de travailler à un salaire inférieur à celui du marché risque de donner à l'employeur des soupçons sur ses capacités. De façon symétrique, l'employeur qui rémunère au dessous du marché risque soit de ne pas pouvoir retenir les salariés dans l'entreprise, soit de ne pouvoir faire la chasse aux « tire-au-flanc ». Les points communs de ces modèles sont non seulement des justifications d'ordre économique, c'est-à-dire directement liées à la recherche d'une bonne rentabilité de l'entreprise, mais constituent aussi une transformation de l'égalité entre la productivité du travail et le salaire démontrée dans la théorie de l'équilibre général. Dans ces modèles, le niveau de salaire détermine celui de la productivité du travail. Autrement dit, contrairement à la tradition walrasienne, la productivité devient une fonction croissante du salaire.

Le modèle de l'antisélection : les demandeurs d'emploi n'ont pas intérêt à réduire leurs salaires en cas de chômage

Développée initialement à partir du cas de l'assurance, l'antisélection (traduction de *adverse selection*) désigne une situation où les deux parties contractantes n'ont pas la même information sur une variable exogène. Après s'être ensuite étendue à d'autres marchés (les biens d'occasions avec le célèbre article d'Akerlof sur *The Markets of Lemons* [1970]), l'antisélection traduit maintenant un phénomène général à tous les échanges. Appliquée à la relation salariale, l'antisélection peut être résumée ainsi : pour augmenter sa chance d'être recruté, rien ne sert de proposer un salaire inférieur au marché, car l'entreprise interpréterait cela comme le signe d'une faible productivité du salarié (Weiss [1980]). En cas de chômage, les candidats potentiels n'ont pas intérêt à proposer des salaires inférieurs aux salaires courants car ils signaleraient ainsi leur « mauvaise qualité », ce qui évidemment n'augmente pas leur chance d'être recrutés. De plus, les entreprises n'ont pas intérêt à réduire les salaires offerts, car les meilleurs démissionneraient. Pour éviter cet effet, en cas de chômage, les entreprises seraient alors conduites logiquement à licencier au hasard ! Tel est l'un des cas d'application de l'antisélection : un bas salaire ne peut équilibrer l'offre et la demande de travail et indiquer en même temps une productivité élevée. Ainsi, l'antisélection fournit une explication supplémentaire de l'écart entre le salaire et la productivité marginale du travail ainsi que de la rigidité du salaire.

Le modèle de rotation de la main-d'œuvre : payer des hauts salaires pour retenir son personnel

Joseph Stiglitz [1974] démontre que les entreprises qui payent certains emplois plus que le prix du marché ont un comportement optimal. Elles réduisent ainsi les coûts de rotation de la main-d'œuvre. Dans le segment « primaire », au sens de Doeringer et Piore, l'instabilité de la main-d'œuvre est un coût, car cette dernière capitalise un savoir et une qualification. Ce phénomène est considéré comme sans importance sur le marché « secondaire », où la main-d'œuvre est un produit banal dans lequel l'employeur n'investit pas. La critique que l'on peut adresser à cette théorie est la suivante : une telle stratégie salariale ne correspond pas à un réel besoin de tous les emplois d'une même entreprise.

Le modèle du « tire-au-flanc »

Il y a des situations où l'effort du salarié ne peut être ni contrôlé ni mesuré. Comment, malgré tout, inciter le salarié à travailler ? Carl Shapiro et Joseph Stiglitz [1984] répondent à cette question. Dans le paradigme walrasien, la réponse est absurde : le salarié a même intérêt à ne fournir aucun effort au travail. En effet, le licenciement, qui est la pire sanction pour le salarié, est un dispositif totalement inopérant dans une économie concurrentielle, par définition sans chômage. Conscients de l'inefficacité de la solution walrasienne, Carl Shapiro et Joseph Stiglitz montrent que, pour rendre la menace de licenciement crédible, l'entreprise doit verser des salaires supérieurs à ceux du marché. Cependant, toutes les autres entreprises en font autant ; elles augmentent leurs salaires de sorte que les différentiels de salaire disparaissent. La crédibilité de la menace de licenciement réapparaît au travers du mécanisme suivant : la hausse de salaire, selon la fonction traditionnelle de demande de travail, a pour effet de déprimer la demande de travail et d'accroître le taux de chômage. Ce dernier devient une réelle incitation à travailler. En effet, le modèle de Carl Shapiro et Joseph Stiglitz consiste à déterminer quel est le taux de chômage qui constitue une réelle menace pour le salarié, ce qui conduit à un paradoxe : *un certain niveau de chômage est nécessaire pour gérer l'incertitude du contrat salarial.*

Le niveau du salaire se trouve fixé en référence aux objectifs de gestion de la main-d'œuvre des firmes, dans une optique de contrat salarial à long terme : il s'agit de réduire l'absentéisme, le turn-over, d'attirer les meilleurs salariés, d'instaurer une politique salariale équitable. L'entreprise estime connaître la relation exacte entre le salaire et l'effort individuel, ce qui lui permet de maximiser son profit et de calculer le salaire qui permettra d'obtenir l'effort optimal. Le fait que l'entreprise détienne ce savoir sur la relation entre salaire et effort peut sembler discutable.

Cette approche présente cependant l'intérêt de relier la théorie du salaire aux règles de gestion interne des entreprises ; mais, cherchant une formalisation rigoureuse, elle fait l'impasse sur une réflexion approfondie sur la fonction d'effort, c'est-à-dire sur la relation entre salaire et productivité du travail.

4. La version sociologique et cognitive du salaire d'efficience

Le salaire comme résultat de normes d'équité (Georges Akerlof)

Georges Akerlof [1982] dénonce le caractère *ad hoc* des théories du salaire d'efficience et veut trouver une formalisation plus réaliste de la fonction d'effort et de la détermination du salaire équitable, fondée sur une approche sociologique et cognitive des relations sociales. Cet objectif s'intègre dans la recherche d'une explication de la divergence entre le salaire et la productivité marginale du travail. Mais, à la différence des autres théoriciens, Akerlof aborde cette question par l'analyse non pas du salaire, mais de sa contrepartie : la norme de rendement, à partir d'observations faites par Georges Homans [1954] : il remarque que les caissières d'une entreprise, qui ont un salaire supérieur à celui du marché, dépassent en moyenne, et de façon significative (+ 17 %), la norme collective de rendement initialement fixée par leur employeur. Pourtant, à la période suivante, aucun changement n'intervient ; en effet, les salariées ne diminuent pas leur effort pour se caler sur la norme collective réglementaire ; elles ne demandent pas de promotion ou de hausse de salaire. De même, l'entreprise maintient la norme fixée auparavant, sans chercher à l'augmenter.

Cette entreprise est un cas limite par rapport au modèle du marché pur. En raison de l'inertie d'une norme et d'un niveau de salaire supérieur à celui du marché, il n'y a pas d'ajustement entre le salaire et la productivité marginale du travail.

Pour expliquer ce phénomène, Akerlof fait une hypothèse originale sur la nature de la relation salariale : il s'agirait d'un « échange de dons partiels réciproques ». La particularité de sa théorie tient à l'introduction de la notion d'équité à deux moments successifs de la détermination des salaires (c'est nous qui faisons la distinction de ces deux moments pour des raisons pédagogiques).

Dans un premier temps, les salariés doivent se coordonner pour déterminer ensemble le niveau d'effort à fournir. La difficulté provient du fait que l'effort fourni par chacun dépend de l'effort du groupe. Or ce dernier décide de fournir un niveau d'effort supérieur à la norme minimale exigée. Akerlof interprète cela comme un « don » fait par l'ensemble des salariés à l'employeur. Le succès de la coordination et la cohésion du collectif reposent sur la *solidarité*, qui est le premier principe d'équité. Mais pourquoi les salariés déterminent-ils ce niveau d'effort moyen ? D'une part, ils considèrent qu'une norme supérieure au minimum requis prémunit le groupe contre la défaillance collective qui surviendrait si l'un des salariés n'atteignait pas la norme minimale. Leur raisonnement suppose qu'ils ont un fort sentiment d'estime mutuelle. D'autre part, les salariés « anthropomorphisent » l'institution pour laquelle ils travaillent, comme le souligne Akerlof (*ibid.*, p. 152). En retour de ce don, les salariés espèrent obtenir un « juste salaire », une certaine clémence de la part de l'employeur pour le respect des règles de travail et une indulgence envers les salariés qui n'atteindraient pas la norme fixée. Le lecteur aura reconnu l'emprunt d'Akerlof à la théorie sur le don de Marcel Mauss [1924] : « On sent bien qu'on ne peut plus bien faire travailler que des hommes sûrs d'être loyalement payés toute leur vie, du travail qu'ils ont loyalement exécuté, en même temps pour autrui que pour eux-mêmes. Le producteur échangiste sent de nouveau — il a toujours senti — mais cette fois de façon plus aiguë, qu'il échange plus qu'un produit ou qu'un temps de travail, qu'il donne quelque chose de soi : son temps, sa vie. Il veut donc être récompensé, même avec modération, de ce don. Et lui refuser cette récompense, c'est l'inciter à la paresse et au moindre rendement. » (p. 274-275.)

Dans un second temps, employeurs et salariés doivent aussi se coordonner. L'employeur définit alors le salaire optimal correspondant à cet effort moyen. Akerlof montre que le salaire équitable est une notion relative. Elle résulte de la comparaison, entre chaque salarié et ses collègues, de son niveau d'effort, de son salaire pour la période précédente, du salaire et de l'effort des autres, du taux de chômage et des indemnités de chômage. La règle d'équité consiste, d'une part, à verser un salaire supérieur à celui du marché en échange de l'effort du groupe et, d'autre part, à ne pas changer le niveau de la norme, même si elle est dépassée. Pourquoi ? L'entreprise partage avec les salariés la peur de la défaillance collective. Or le relèvement de la norme risque d'être trop important pour certains salariés. L'entreprise veut éviter que l'échec d'une minorité se transforme en échec collectif car le groupe entier penserait avoir manqué à sa donation réciproque (Akerlof [1982], p. 153).

Ainsi, le salaire individuel est la contrepartie d'une norme d'effort globale plus élevée que l'exigence de l'employeur.

Évaluation de la théorie

L'apport essentiel d'Akerlof est d'avoir montré l'importance des *dynamiques collectives* dans la formation du salaire. Celles-ci se traduisent d'abord par l'introduction d'une rationalité de groupe, selon laquelle l'individu obéit à des valeurs communes, comme l'estime mutuelle. Le « don contre don » est l'autre expression des dynamiques collectives. Il confère au contrat de travail une dimension collective qui est considérée comme première par rapport au caractère individuel du contrat. *Le salaire est donc la contrepartie de deux règles d'équité : la solidarité entre salariés et le « don contre don »*. Ainsi, Akerlof se sépare de la théorie néoclassique traditionnelle, mais en partie seulement, car il conserve le principe de maximisation sous contrainte.

Cependant, cette théorie contient *trois points de fragilité*. Le premier concerne la *fiabilité de sa fonction d'effort*. En effet, de nombreuses études expérimentales sur l'effort fourni par les salariés dans diverses situations, menées par des psychologues, mettent en évidence des phénomènes de « dissonance cognitive ». Cette expression désigne une situation désagréable dans laquelle se trouve un individu lorsqu'il y a une contradiction entre ce qu'il pense d'une situation et ce qu'on lui en dit. Par exemple, un employeur propose à un nouvel embauché un certain niveau de salaire et s'aperçoit ensuite qu'il s'est trompé en faveur du salarié. Si l'employeur explique au salarié son erreur, sans pour autant revenir sur sa décision, il se créera une situation de « dissonance cognitive » chez le salarié ; ce dernier peut réagir de différentes façons pour restaurer la « consonance », notamment en travaillant plus. Ces expériences montrent la variété et la complexité des réactions humaines face à des situations considérées comme inéquitables (cf. Adams [1965], psychologue spécialiste de ces questions ; et Reynaud [1993a] pour une mise en perspective des expériences de dissonance cognitive face aux modèles de salaire d'efficience et pour une bibliographie plus complète).

Le deuxième point concerne le *mode de détermination de l'effort collectif*. Ce dernier dépend en partie du salaire et de l'effort individuel. Or l'effort individuel dépend lui-même de l'effort collectif... Ce processus circulaire est résolu plus tard, dans un second modèle issu du même article, par une hypothèse *ad hoc* : l'effort individuel est égal à l'effort moyen. Cette solution a l'inconvénient d'effacer les dynamiques collectives, c'est-à-dire les rapports entre l'individu et le groupe.

Cet effacement est accentué par l'absence d'analyse de la gestion, par groupe, des différences de normes de rendement atteintes par les salariés. Implicitement, Akerlof semble résoudre cette question en supposant un comportement de groupe. Il existerait un collectif qui n'accepterait pas que le salarié le moins efficace soit moins bien payé que ses collègues.

Le troisième point fragile concerne l'*emprunt fait par Akerlof de la théorie du « don contre don »* : il s'agit plus d'une transposition sommaire qui ne tient pas compte de toutes les subtilités de la pensée de Mauss (cf. Batifoulier, Cordonnier et Zénou [1992] pour une analyse critique de cet emprunt).

Mais ces zones de fragilité peuvent être considérées comme inévitables. Elles sont peut-être imputables au fait qu'Akerlof cherche plus à élaborer une théorie du chômage que du salaire.

L'inertie des règles

Ces théories, qui ont exploré la « piste organisationnelle » pour expliquer l'inégalité entre le salaire et la productivité marginale du travail, aboutissent, malgré la diversité de leurs sensibilités, à une conclusion commune : le salaire apparaît toujours comme le résultat de « l'application »[1] d'une ou d'un ensemble de règles. Ainsi, pour Doeringer et Piore, la règle consiste, pour les « marchés internes », à déterminer le salaire en fonction du poste. Dans la théorie « insiders-outsiders », la règle est l'obligation de continuer à « appli-

1. Le terme « application » est une commodité de langage ; au chapitre x, nous expliquerons pourquoi la règle ne « s'applique » pas, mais s'interprète.

quer » toujours la même règle, en l'occurrence, la règle du salaire d'efficience (verser un salaire supérieur à celui du marché). Il s'agit donc d'une « métarègle ». Ainsi, l'entreprise s'est tendu son propre piège, faute d'avoir pris en considération tous les autres effets des règles (la menace des « insiders » de ne pas transmettre leur savoir aux « outsiders » pour créer un différentiel de productivité à leur avantage, ce qui les rend encore plus indispensables). C'est pourquoi l'entreprise se trouve contrainte de continuer à appliquer la règle existante. Une théorie de l'inertie des règles apparaît en filigrane.

VII / Les théories de la hiérarchie des salaires

Dans la mesure où les organisations et les institutions sont des entités collectives tout à fait décisives dans la formation du niveau du salaire, il est vraisemblable qu'elles sont aussi les principales formes sociales où la hiérarchie et la dispersion des salaires peuvent s'expliquer. Ce chapitre constitue donc la suite naturelle des chapitres V et VI. Lorsqu'on porte une attention particulière aux relations entre organisations et à leur fonctionnement interne, les comportements individuels sortent de l'oubli dans lequel on les avait volontairement et provisoirement laissés. Dans cette perspective, est présentée d'abord la théorie du capital humain, parce qu'elle impute les différences salariales aux stratégies individuelles des membres de l'organisation ; puis la théorie du salaire comme dédommagement du statut, car elle mobilise à la fois les relations inter et intra-organisationnelles. Ces deux théories sont centrées sur l'explication de la hiérarchie des salaires.

1. La théorie du capital humain : la hiérarchie des salaires est équitable (Gary Becker)

La décision d'investir en capital humain

Gary Becker, qui fait partie d'un courant ultra-libéral visant à élargir le champ de la microéconomie, avec la nouvelle économie publique et la théorie de la famille, a aussi élaboré une théorie des différences de salaire, connue sous le nom de théorie du « capital humain » [1964]. L'apport de Becker est d'avoir introduit dans la logique néo-classique l'idée ancienne selon laquelle le salarié qui se forme attend, en retour, un bénéfice. Certains classiques, comme Ricardo et Malthus, considéraient, au contraire, que la formation est un bien de consommation et non un investissement. Adam Smith est peut-être, avec Stuart Mill, l'un des précurseurs de la théorie du capital humain : « Un homme qui a dépensé beaucoup de temps et de travail pour se rendre propre à une profession qui demande une habileté et une expérience extraordinaires [...] doit espérer que la fonction à laquelle il se prépare lui rendra, outre les salaires du travail simple, de quoi l'indemniser de tous les frais de son éducation, avec au moins les profits ordinaires de la même valeur. Il faut aussi que cette indemnité se trouve réalisée dans un temps raisonnable, en ayant égard à la durée très incertaine de la vie des hommes. » (Smith, cité par Thoris, [1993], p. 67.)

Selon Becker, l'individu se considère comme détenteur d'un capital un peu particulier car il est consubstantiel à l'individu. Le capital humain se définit par les connaissances générales, spécifiques, le savoir et l'expérience, qui sont acquis par l'individu, compte tenu de la facilité avec laquelle se fait l'apprentissage. Comme un gestionnaire de capital, le salarié cherche à acquérir et à accumuler des connaissances, afin d'augmenter son gain futur. Pour apprécier l'opportunité d'investir dans son propre capital humain, l'individu compare le rendement interne de l'investissement en capital humain avec le taux d'intérêt. Il estime donc les coûts de l'investissement en qualification et les rendements attendus. Ainsi, il décide cet investissement si deux conditions sont réunies. D'abord, le coût actualisé de l'acquisition de capital doit être inférieur à la somme actualisée des revenus à percevoir. Ce taux de rendement de l'investissement est minoré par un coefficient de risque, le salarié n'étant pas certain de pouvoir utiliser tout son acquis. Enfin, ce taux doit être supérieur au rendement de l'investissement financier, c'est-à-dire au taux d'intérêt. Ainsi, la théorie du capital humain rend compatibles les intérêts des salariés et des employeurs, dans la mesure où les dépenses de formation initiale et permanente sont traitées comme des investissements rentables pour les deux parties.

La formation, qui est considérée comme le principal moyen d'accroître le capital humain, servira d'illustration. L'individu se forme jusqu'à ce que le coût actualisé de cet investissement (la perte de revenu induite, le temps passé à étudier, les droits de scolarité, etc.) soit égal aux revenus actualisés de l'accroissement de salaire. Le temps de formation est le résultat d'un calcul d'optimisation. Ainsi, certains individus qui ont une préférence pour le présent veulent bénéficier aujourd'hui d'un certain revenu plutôt que d'attendre demain pour recevoir un revenu plus élevé ; ils réduiront donc leur temps de formation.

Selon la théorie, il n'y a pas de limite à l'accroissement du capital humain, hormis sa rentabilité. Or celle-ci diminue avec l'âge parce que ce capital est soumis, par hypothèse, à la loi néo-classique des rendements décroissants.

La formation de la hiérarchie des salaires

La hiérarchie des salaires est le classement ordinal des niveaux de salaire. Elle exprime les différences de salaire en fonction de certains critères : poste, qualification, âge, alors que la dispersion des salaires analyse les différences de salaire pour une même qualification, un même poste, etc.

De quoi dépend la hiérarchie des salaires ? Comme Becker est cohérent avec sa théorie de la décision d'investissement qui ne fait pas de distinction entre salariés et capitalistes, l'offre et la demande de travail ne peuvent déterminer le salaire. Il résulte de la confrontation entre l'offre et la demande en capital humain, c'est-à-dire des aptitudes innées et acquises des salariés (l'offre en capital humain), et du taux de rendement des divers investissements en capital humain, qui est fonction des besoins des entreprises (la demande en capital humain). Le salaire est donc égal à la somme des rendements des investissements passés et du rendement du capital initial.

Comme les salariés les mieux payés sont ceux qui ont le plus investi dans l'acquisition d'un capital humain, la hiérarchie des salaires traduit ces différences. Elle n'est que le reflet de l'inégalité des compétences et des préférences individuelles, qui se traduisent par un niveau d'investissement variable, les salariés étant supposés avoir tous les mêmes opportunités d'investir (égalité des taux d'intérêt en cas d'emprunt, etc.)

L'équité de la hiérarchie salariale à long terme

Si Becker s'oppose à la théorie concurrentielle à propos du mode de détermination des salaires, il la restaure néanmoins pour justifier les différences de salaires à long terme. Dans ce but, Becker montre que les taux de rendement des différents investissements en capital humain s'égalisent. Autrement dit, les salaires actualisés des individus les moins qualifiés et ceux des plus qualifiés correspondent au même rendement interne. Ce résultat repose sur l'hypothèse de concurrence parfaite. D'une part, les salariés peuvent modifier leur choix d'investissement en fonction des rendements comparatifs attendus et, d'autre part, ils ne rencontrent aucun obstacle à la réalisation de leurs choix. En effet, Becker estime que les individus ont des chances égales de trouver les financements nécessaires à leur formation, qui est au même prix pour tous. Le graphique 4 et son commentaire constituent une autre façon d'exposer l'équité des différences de salaires, selon Becker.

Ce graphique est la représentation alternative à la détermination des salaires par les néo-classiques. L'ordonnée représente le taux de rendement de l'investissement en capital humain, au lieu du taux de salaire, comme dans le schéma

GRAPHIQUE 4. — INVESTISSEMENTS ET RENDEMENT EN CAPITAL HUMAIN

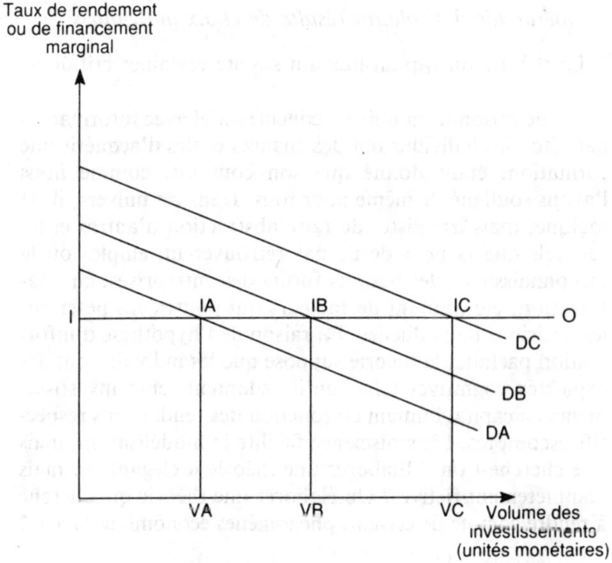

Source : Michelle Riboud [1977], p. 238.

néo-classique ; de même, l'abscisse désigne le volume cumulé des investissements, et non la quantité de travail. Les droites DA, DB et DC représentent le rendement marginal décroissant de salariés aux capacités différentes (les pentes sont décroissantes). Ces droites sont les fonctions de demande en capital humain. L'égalité des taux de rendement des investissements se fait au point i, à partir duquel est tracée la droite d'offre de capital humain. A son intersection avec les droites DA, DB et DC, correspondent les trois niveaux d'investissement respectifs, VA, VB et VC. Ceux-ci impliquent des niveaux de salaire différents. Ainsi, les théoriciens de la concurrence pure estiment-ils être à même de justifier l'équité des différences de salaires entre individus.

La hiérarchie des salaires résulte de choix individuels

La théorie du capital humain suscite certaines critiques.

• Elle raisonne en univers concurrentiel avec information parfaite : les individus ont des chances égales d'acquérir une formation, étant donné que son coût est, comme nous l'avons souligné, le même pour tous. Dans cet univers, il est logique, mais irréaliste, de faire abstraction d'autres critères, tels que la peur de ne pas retrouver un emploi ou la méconnaissance des besoins futurs des entreprises, en qualification, etc., autant de facteurs qui pourraient peser sur les décisions individuelles. En raison de l'hypothèse d'information parfaite, la théorie suppose que les individus ont des capacités cognitives telles qu'ils adaptent leurs investissements en capital humain en fonction des rendements respectifs escomptés. L'omniscience facilite la modélisation, mais que cherche-t-on ? Élaborer une théorie « élégante », mais complètement fictive ? Ou élaborer une théorie qui cherche à rendre compte de certains phénomènes économiques réels ?

• La théorie a un caractère provocant ; considérant surtout l'acquis, elle impute les disparités de salaires aux seuls choix des salariés en matière de formation permanente. L'observation concrète dément cette hypothèse. D'abord, en France, l'employeur est tenu de consacrer 1,4 % de la masse salariale (en 1993) à la formation professionnelle, soit en gérant cette somme lui-même, soit en versant tout ou partie à un organisme collecteur, en contrepartie d'un droit de tirage. En fait, toutes les entreprises qui sont dans ce dernier cas ne profitent pas à 100 % de leurs droits, parfois par ignorance, parfois par négligence. Ensuite, c'est l'employeur qui sélectionne les salariés qui suivront une formation, et le contenu de celle-ci, en fonction d'objectifs qui ne répondent pas forcément aux souhaits, voire aux besoins réels des salariés. Enfin, les sommes consacrées à la formation sont faibles en moyenne nationale (1,9 % de la masse salariale) et très inégales selon les entreprises, leur secteur, leur taille, leur stratégie particulière. Une enquête effectuée dans quarante-sept très grandes entreprises (cf. Reynaud et Najman [1992a]) a révélé d'énormes disparités entre les entreprises : certaines d'entre elles consacrent 19 % de la masse salariale à la formation. A l'échelle nationale, Claude Dubar [1990] a démontré l'inégalité des chances individuelles relatives à la formation.

• La théorie ignore que la manière de présenter ses qualifications et ses diplômes à un employeur peut avoir des effets négatifs sur l'embauche du salarié. A cet égard, Michael Spence [1974] a montré que signaler ses diplômes n'est pas toujours une stratégie payante : plus l'individu cherche à signaler ses diplômes, plus l'employeur peut avoir des doutes sur la qualité du candidat ; par conséquent, les chances d'être recruté diminuent. C'est le phénomène général de l'antisélection (cf. chapitre V et, pour une présentation plus détaillée de la théorie du signal, cf. Reynaud [1992], Annexe 1, p. 179-181). A quoi bon, alors, faire une théorie des disparités de salaires si elle n'est pas suivie (ou précédée) d'une théorie de l'emploi ?

• Enfin, tout se passe comme si les économistes favorables à cette théorie considéraient que l'évaluation du « capital humain » ne posait pas de problèmes tels qu'ils puissent les empêcher de se livrer à des études empiriques fiables. Pourtant, comment chiffrer les connaissances acquises et en déduire les capacités potentielles du salarié ? Un certain nombre de recherches ont porté sur la détermination du poids statistique du capital humain. Ce dernier était mesuré par le nombre d'années d'études, l'ancienneté (comme indicateur de l'expérience), etc, autant d'indicateurs aussi peu satisfaisants les uns que les autres. La question de l'évaluation du capital humain nous paraît vouée à une impossibilité de conclure. D'ailleurs les résultats obtenus (à titre d'exemple : Riboud [1977], Lollivier [1989], Glaude [1989]) sont très partiellement concluants. Ainsi, en faisant abstraction des questions de mesure, le capital humain est loin d'« expliquer » la totalité de la dispersion des salaires. Selon les tests, il se limite à un intervalle de 30 % à 50 % de la variance ; le reste de la dispersion des salaires est imputable à d'autres facteurs (taille de l'entreprise, région, etc.). De plus, les études de Michel Glaude et de Stéphan Lollivier *(art. cit.)* montrent que les investissements en capital humain n'apportent pas la même rentabilité à tous les salariés. A titre d'exemple, l'expérience professionnelle a plus de rendement pour les cadres que pour les autres salariés. De plus, l'inégale valorisation du capital humain varie dans le temps. Enfin, ces tests contiennent un biais car les différences d'aptitudes individuelles (le « potentiel ») sont *déjà* rémunérées à l'embauche. L'employeur loue non seulement les compétences actuelles des salariés, mais aussi leurs capacités potentielles. Si ces dernières ont une réelle importance pour le salaire, alors la tentative d'expliquer les différences de salaires par l'acquisition d'une formation supplémentaire devient superflue.

2. La théorie du salaire comme dédommagement du statut

Les différences de salaires, pour une même productivité, sont équitables

Robert Frank ([1984], [1985] et [1988]) défend une idée un peu provocatrice, du moins pour un néo-classique traditionnel : les différences de salaire pour une même productivité du travail sont équitables, c'est-à-dire normales et bien fondées. C'est, au contraire, l'égalité du salaire et de la productivité marginale qui n'est pas une loi équitable de formation des salaires. Pourquoi ? Selon Frank, le salaire est le dédommagement du statut. Bien que ce terme ne soit pas clairement défini, on peut l'interpréter ici comme l'équivalent de la fonction, c'est-à-dire l'ensemble des responsabilités du salarié. De ce fait, « avoir un statut » ou « occuper une fonction » implique la définition d'un niveau de qualification. Pour Frank, le statut est un phénomène relatif. Il dépend essentiellement du statut des autres salariés dans l'entreprise. Qu'est-ce qu'un chef sans employé sous ses ordres ?

Il va de soi que la plupart des individus préfèrent une position hiérarchique importante. Mais l'accès aux statuts élevés est limité. La quête du statut crée donc une interdépendance entre les salariés, qui se manifeste par une sorte de « troc » entre eux. Les salariés les plus ambitieux, qui veulent un statut élevé, sont prêts à payer un certain prix à ceux qui attachent moins d'importance au statut. Cette compensation monétaire est nécessaire, sinon le salarié au statut peu valorisé ne trouvera aucun intérêt à rester dans l'entreprise. De plus, s'il quitte l'entreprise, l'autre salarié perd la grandeur attachée à son statut. En définitive, Robert Frank décrit, mais sans l'exploiter, une situation classique en théorie des jeux où tous les salariés ont intérêt à coopérer.

La hiérarchie salariale à l'intérieur de l'entreprise s'explique par l'inégalité des préférences pour un statut élevé (Frank [1985], p. 51-60). C'est pourquoi les salariés qui attachent le plus d'importance au statut sont payés au-dessous de leur productivité marginale, tandis que les moins ambitieux sont payés au-dessus de leur productivité marginale.

Dans cette problématique, une autre entreprise ne pourra pas débaucher celui qui est payé moins que sa productivité marginale et lui offrir un salaire égal à sa productivité marginale, car il faut que l'écart de salaire compense la différence de position hiérarchique. De même, si une firme cherche à licencier l'individu A (sur le graphique 5) qui est payé plus que sa productivité marginale pour accroître ses profits, elle perdra l'autre salarié B qui est payé moins que sa productivité marginale, mais qui acceptait cette situation car il avait « un statut local » supérieur à celui de A.

Frank estime que la structure interne des salaires de cet exemple est plus égalitaire que celle qui résulterait de l'égalisation du salaire à la productivité marginale, en raison de la prise en compte du statut. Ce résultat s'appuie sur deux hypothèses. D'une part, il faut que les individus soient sensibles à la hiérarchie des salaires à l'intérieur de la firme. D'autre part, il faut une mobilité externe parfaite des salariés.

GRAPHIQUE 5. — LA STRUCTURE DES SALAIRES À L'INTÉRIEUR DE L'ENTREPRISE

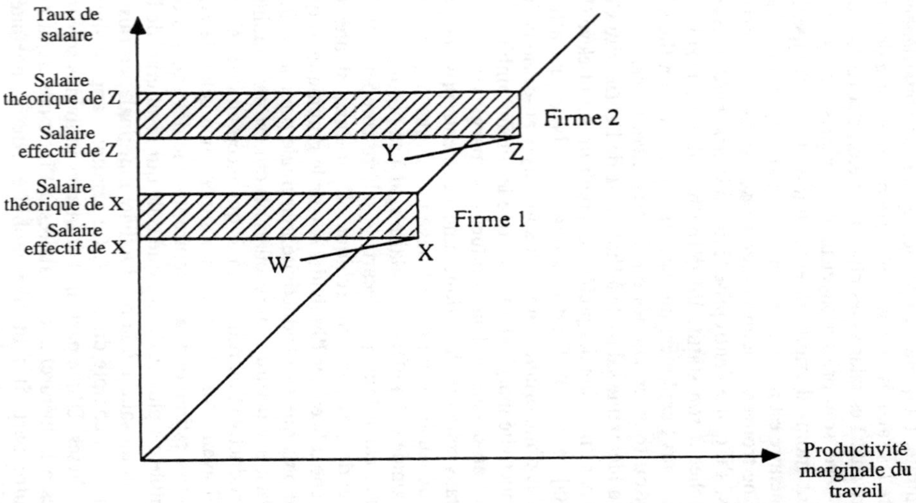

Source : Robert FRANK [1985], p. 52. Les traits pleins relient les salaires d'une même entreprise.

Étant donné que le statut, au sens de fonction exercée, porte sur une partie seulement de l'entreprise, des hiérarchies locales se créent, qui permettent de limiter le champ des comparaisons inter-individuelles. Ainsi, le statut justifie l'équité de la formation et de la hiérarchie des salaires.

Une théorie contestable

La théorie de Frank donne non seulement une explication de l'inégalité constatée entre salaire et productivité marginale, en mettant l'accent sur l'interdépendance entre les statuts des salariés, mais surtout elle cherche à prouver l'équité des différences de salaire pour une même productivité. Cette thèse soulève une série de remarques.

L'hypothèse de sensibilité des salariés à la hiérarchie des salaires suppose que celle-ci soit précisément connue, ainsi que celle des productivités marginales ; or, c'est justement ce que Frank cherche à démontrer.

Considérer que le salaire est un dédommagement du statut suppose que l'ambition des salariés soit le seul élément de « troc » entre ces derniers. Il nous semble que la qualification influe aussi sur le degré d'ambition. Si l'on intègre cette hypothèse à la problématique de Frank, la hiérarchie salariale serait exactement l'inverse de celle des qualifications... Ce résultat contre-intuitif n'est pas vérifié dans les faits.

Le troc est le mode d'allocation des statuts ou des fonctions à l'intérieur de l'entreprise. *Tout se passe comme si l'employeur avait disparu !* De plus, les salariés sont-ils réellement libres de choisir leur entreprise, comme le postule la théorie ? Même dans une hypothèse d'autogestion, Frank fait complètement abstraction des conflits et rivalités entre salariés, qui feraient obstacle à la coopération qui est censée prévaloir.

Pour clore la présentation de la théorie du salaire comme dédommagement du statut, nous voudrions rapprocher cette analyse de celle de Louis Dumont [1967] sur le « rapport hiérarchique » entre le statut et le pouvoir en Inde. Pour

Dumont, la hiérarchie n'a pas le sens de commandement, ce qui impliquerait une relation linéaire de supériorité. Il s'agit d'un rapport entre le tout (le niveau englobant) et l'élément (le niveau englobé), que Dumont appelle « englobement du contraire » (cf. Reynaud [1987], pour une application de cette forme abstraite à la relation salariale). Ainsi, en Inde, le brahmane, qui représente le sacré, est supérieur au roi dans le domaine spirituel, tandis que le roi a autorité sur le brahmane pour les affaires temporelles. Ce « rapport hiérarchique » provient du fait qu'il y a une disjonction entre le statut (les castes) et le pouvoir (les *varna*). Il explique la très grande stabilité du système social.

Pour que la comparaison ainsi suggérée soit plus profonde qu'une analogie superficielle, il ne faut pas comprendre le terme « statut », dans les pays occidentaux, comme le strict équivalent du terme « fonction », mais plutôt comme une qualité attachée à la personne. Si cette intuition était pertinente, le modèle de Frank pourrait avoir une grande portée sur la loi de formation des salaires et leurs hiérarchies. Cela justifierait non seulement la dispersion des salaires à l'intérieur des entreprises, mais aussi entre les entreprises. Cela n'est qu'une conjecture... Il faudrait encore prouver que la contrepartie du salaire est vraiment le statut, c'est-à-dire que le statut est surtout un signe social et que les autres facteurs tels que le salaire, comme prix des services du travail, ont une importance moindre.

La hiérarchie et la dispersion des salaires constituent, sans aucun doute, un terrain privilégié pour une réflexion sur la normalité et l'équité de ces phénomènes. Les deux théories présentées ci-dessus adoptent des positions normatives diamétralement opposées sur des domaines très proches (hiérarchie et dispersion de salaires), ce qui prouve la complexité du problème. En effet, Becker estime que les intérêts des employeurs et des salariés peuvent être compatibles, dans la mesure où l'investissement en formation est rentable pour les deux parties. Par conséquent, les salariés doivent être payés selon leur productivité marginale, les mieux payés sont ceux qui ont le plus investi ; la hiérarchie des salaires, qui traduit les différences de choix individuels, est donc normale et équitable. Au contraire, Frank considère que l'égalité du salaire et de la productivité marginale est inéquitable, car le salaire est le dédommagement du statut (ce qui ne veut pas dire que la hiérarchie des salaires ne soit pas normale).

Cela dit, la théorie de Becker comme celle de Frank donnent des raisons contestables à la hiérarchie des salaires, car elles ne sont pas corroborées par les faits : liberté des choix individuels dans la formation, capacité cognitive infinie, égalité de la réalisation des choix, conception du salaire comme dédommagement du statut, absence de l'employeur pour l'allocation des statuts aux différents salariés, etc. N'est-ce pas l'un des premiers critères de validité d'une théorie que de « rendre compte » de la réalité ?

VIII / Les théories de l'évolution à long terme des salaires

Pour expliquer l'évolution des salaires à long terme, deux théories apportent des réponses complémentaires. Il s'agit, d'une part, de la théorie de la régulation ; d'autre part, de la théorie radicale américaine. La première a pour projet de construire une macroéconomie institutionnelle, même si des liens avec la microéconomie sont tissés, notamment pour étudier l'émergence des conventions (cf. chap. IV). La seconde a l'ambition de renouveler l'analyse des étapes du capitalisme telles qu'elles ont été définies par l'orthodoxie marxiste. Dans ce programme de recherche, et en particulier pour comprendre la dynamique des salaires et du marché du travail, la théorie radicale privilégie souvent une démarche microéconomique, en portant un grand intérêt à l'étude des conflits de classe dans l'entreprise. Cela n'exclut pas, au contraire, de s'appuyer sur des notions macroéconomiques, comme la « structure sociale d'accumulation » qui est « l'environnement spécifique institutionnel à l'intérieur duquel le procès d'accumulation capitaliste est organisé » (Gordon, Edwards et Reich [1982], p. 9). D'ailleurs, ces deux courants ont de fortes affinités théoriques, comme en témoignent les collaborations entre Robert Boyer et Samuel Bowles [1988] (Robert Boyer est l'un des fondateurs de l'école de la régulation ; Samuel Bowles est son homologue pour la théorie radicale américaine). Ces théories ont eu des influences conjointes sur les analyses japonaises de l'évolution à long terme des salaires.

1. La théorie de la régulation : l'évolution du salaire et du rapport salarial dans une perspective macroéconomique

La théorie de la régulation a proposé une interprétation alternative de la relation empirique entre les taux de variation du salaire nominal et du chômage, constatée par Phillips [1958]. Quelle est cette relation et comment a-t-elle évolué depuis 1958 ?

La relation empirique entre taux de salaire nominal et taux de chômage (Phillips)

Phillips [1958] a cherché à savoir si le taux de croissance des salaires nominaux, au Royaume-Uni (1861-1957), dépendait du niveau de chômage, de la variation du chômage et des prix de détail. Après avoir éliminé ce dernier facteur explicatif, ce qui se justifiait dans les périodes de très faible inflation, Phillips retient une équation qui relie la variation du taux de salaire à celle du taux de chômage. Son estimation, qui a porté sur les périodes 1861-1913 et 1948-1957[1], donne le résultat suivant :

$$\Delta w/w = -0{,}9 + 9{,}638\ (1/u^{1{,}394})$$

où u est le taux de chômage,
w est le salaire nominal,
$\Delta w/w$ est le taux de croissance des salaires.

Ainsi, le taux de variation du salaire ne dépend que du taux de chômage. La relation entre ces deux grandeurs est négative : plus le chômage augmente, moins le salaire augmente. Selon l'estimation de Phillips, le point A associe un taux de chômage de 5,5 % à un taux de croissance des salaires nul.

1. Phillips a fait une « préparation initiale des données », en travaillant sur des moyennes relatives à des sous-périodes qu'il a distinguées.

GRAPHIQUE 6. — LA COURBE DE PHILLIPS (1961-1957)

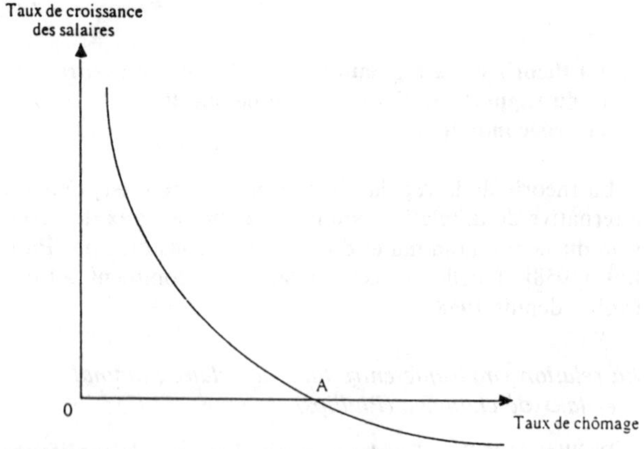

Source : Bernard GAZIER [1991], p. 266.

Cependant, les estimations de Robert Boyer [1978] (cf. *Cahiers du GAMA* [1982] pour d'autres pays) montrent qu'à partir de 1967 on assiste à une hausse simultanée du taux de croissance du salaire et du chômage. Cette observation, renforcée ensuite par la stagflation (combinaison de forts taux d'inflation et de chômage) du milieu des années soixante-dix, traduit l'instabilité de la courbe de Phillips d'un point de vue empirique. Notons cependant qu'en France, jusqu'en 1974, le taux de chômage n'influence guère l'évolution des salaires, ces derniers étant indexés de façon unitaire sur les prix. En revanche, les estimations faites depuis 1975 montrent la dépendance des taux de variation des salaires par rapport aux prix et aux déséquilibres du marché du travail.

Évolution des salaires, chômage et mode de régulation

Comment interpréter l'instabilité de cette relation ? Est-elle le signe d'une modification des comportements et du type de régulation à l'œuvre ? (cf. Guerrien, 3e éd. [1993]).

Les libéraux continuent à défendre la thèse selon laquelle le chômage exerce toujours un rôle régulateur sur l'évolution des salaires, à travers le jeu de l'offre et de la demande (dans ce cas, le chômage est volontaire). Les mécanismes d'évolution du salaire ne sont pas, selon eux, remis en cause par l'instabilité de la relation de Phillips, qui est simplement imputable à une mauvaise spécification des déséquilibres du marché du travail.

Devant les interprétations libérales, les théoriciens de la régulation ont une attitude complètement différente. La rupture de la relation de Phillips est considérée comme la conséquence de l'instauration d'un nouveau mode de régulation. Cette position s'inscrit dans une thèse plus large : l'évolution des salaires dépend du mode de régulation, auquel correspond une forme précise du « rapport salarial », concurrrentiel ou monopoliste. Pour le démontrer, ils ont cherché à estimer les facteurs déterminant l'évolution des salaires, à long terme (CEPREMAP [1977]). Comme les résultats obtenus étaient différents selon les périodes observées, les chercheurs ont distingué plusieurs types de régulation auxquels correspondent autant de modes de formation des salaires (cf. *supra*, p. 34 sur les concepts clés de la théorie de la régulation).

L'évolution des salaires dans la régulation concurrentielle. — La régulation concurrentielle s'étend du milieu du XIXe siècle à la Seconde Guerre mondiale. Pendant une première période (1841-1913), l'évolution des salaires s'explique non seulement par le chômage, mais aussi par les mouvements d'entrée et de sortie du marché du travail qui résultent de l'évolution de la conjoncture industrielle (CEPREMAP [1977], tome 3, p. 195).

Entre les deux guerres, en France, le rôle régulateur du chômage devient ambigu (*ibid.*, p. 209, et encadré ci-dessous). En effet, durant la période 1920-1930, le chômage exerce un rôle significatif sur l'évolution des salaires. Ainsi, une hausse du taux de chômage de 1 point en pourcentage entraîne une baisse du salaire nominal de 8,5 %. Mais il faut souligner qu'il s'agit d'une période de plein emploi. Tandis que, de 1930 à 1937, alors que le chômage progresse très vite, son effet régulateur disparaît. En effet, une hausse de 1 % du chômage induit une augmentation du salaire nominal de 0,6 %. Robert Boyer écrit alors : « Tout se passe comme si le taux de chômage exerçait une forte influence au voisinage du plein emploi, mais perdait tout rôle régulateur dès lors que le sous-emploi devient massif. » (*ibid.*, p. 210.)

Estimation de la relation de Phillips en France pour trois périodes : 1920-1930, 1930-1937, 1920-1937

Les ajustements sont les suivants :

1920-1930	$\mathring{SN} = 0{,}75\,\mathring{CDV} - 8{,}5\,TCHO + 9{,}3$	$R^2 = 0{,}76$
	(4,1) (2,0) (2,5)	$DW = 1{,}58$
1930-1937	$\mathring{SN} = 0{,}42\,\mathring{CDV} + 0{,}6\,TCHO + \varepsilon$	$R^2 = 0{,}88$
	(2,1) (1,8) (ε)	$DW = 1{,}98$
1920-1937	$\mathring{SN} = 0{,}79\,\mathring{CDV} - 0{,}002\,TCHO + 2{,}9$	$R^2 = 0{,}76$
	(7,2) (0,1) (1,5)	$DW = 1{,}78$

où $\mathring{SN}$ est la variation du salaire nominal, $\mathring{CDV}$ est la variation du coût de la vie, TCHO est le taux de chômage, R^2 est le coefficient de corrélation, DW est le test de Durbin Watson qui permet de conclure sur la significativité de l'estimation. Les chiffres entre parenthèses sont le résultat du test de Student.

Mode de lecture : de 1920 à 1930, en moyenne, une hausse de 1 % du taux de chômage correspond à une baisse du salaire nominal de 8,5 %.

Source : Robert Boyer [1978], p. 43.

Pourquoi le taux de chômage joue-t-il un rôle différent, alors qu'il s'agit du même mode de régulation ? Selon Robert Boyer ([1978], p. 43), c'est en raison d'une mauvaise représentation des déséquilibres de l'emploi. En prenant la production industrielle comme autre mesure de ces déséquilibres, la loi d'évolution des salaires est la même d'une sous-période à l'autre : le taux de chômage a un effet sur le mode de formation des salaires, la régulation concurrentielle étant toujours à l'œuvre. Si la relation de Phillips est ainsi « sauvée », elle ne le sera plus à partir de 1967.

L'évolution des salaires dans la régulation monopoliste. — Durant la période 1947-1976, l'évolution du salaire dépend de façon positive, mais faible, du taux de chômage. Cela s'explique par le poids de la période 1969-1976, marquée par la non-significativité du chômage, comme le montre le coefficient de Student qui est inférieur à 2 (il est de 0,7), qui figure en dessous de TCHO dans l'encadré. Ainsi, le rôle régulateur du chômage semble s'atténuer.

Estimation de la relation de Phillips pour les périodes : 1947-1958, 1959-1968, 1969-1976 et la période 1947-1976

1947-1958	$\mathring{SN} = 0{,}77\ \mathring{CDV} + 1{,}0\ TCHO + 5{,}1$	$R^2 = 0{,}94$
	(7,6) (0,1) (6,8)	DW = 2,28
1959-1968	$\mathring{SN} = 0{,}34\ \mathring{CDV} - 4{,}0\ TCHO + 8{,}7$	$R^2 = 0{,}79$
	(3,2) (1,6) (3,9)	DW = 1,35
1969-1976	$\mathring{SN} = 1{,}07\ \mathring{CDV} - 0{,}3\ TCHO + 5{,}4$	$R^2 = 0{,}94$
	(6,1) (0,7) (4,7)	DW = 2,65
1947-1976	$\mathring{SN} = 0{,}78\ \mathring{CDV} - 0{,}9\ TCHO + 4{,}4$	$R^2 = 0{,}93$
	(19,0) (1,8) (4,9)	DW = 1,85

Source : CEPREMAP [1977], p. 234-235.

Des travaux économétriques, menés par Dominique Deruelle [1975], se sont attachés à trouver une meilleure spécification des tensions sur le marché du travail. Les résultats montrent qu'une extension massive du chômage n'est plus associée à une baisse du salaire nominal, mais à une réduction de sa progression. Le rôle régulateur du chômage devient second dans la formation des salaires.

Pour Robert Boyer (CEPREMAP [1977], p. 237 *sq.*), le caractère secondaire du chômage dans l'évolution des salaires indique une réelle rupture de la relation de Phillips. Il explique ce phénomène par l'émergence de la régulation monopoliste au milieu des années soixante. Celle-ci se caractérise par une plus grande déconnection des salaires vis-à-vis du taux de chômage, en raison de nouveaux dispositifs institutionnels, tels que la quasi-indexation des salaires sur les gains de productivité dans les secteurs moteurs et sur le coût de la vie. La négociation collective conduit à des hausses de salaires indépendantes des conditions économiques locales. Ainsi, les augmentations individuelles de salaire sont calées sur les augmentations de productivité globale (cf. Boyer [1986], p. 22-23).

La négociation collective apparaît donc comme un dispositif institutionnel qui neutralise et même élimine l'effet du chômage. Ce dernier est d'autant moins fort que la négociation collective est organisée (Aglietta [1976], Boyer [1978]).

Le post-fordisme : le « bricolage » des règles d'évolution des salaires. — Cependant, à la fin des années quatre-vingt, l'effet du chômage semble à nouveau se restaurer, en raison de la recherche d'une flexibilité salariale accrue et du déclin de la négociation collective de branche. C'est la période « post-fordiste », qui se caractérise plus par un « bricolage » de la formule salariale fordienne que par des innovations radicales, dans la mesure où le salaire de base est toujours fonction du poste (cf. Reynaud et Najman [1992b]).

2. La théorie radicale américaine : un point de vue microéconomique sur l'évolution des salaires et du procès de travail

Le salaire comme sous-produit de la théorie des formes de contrôle sur le procès de travail

L'objectif de la théorie radicale américaine, au moins à ses débuts, dans les années soixante-dix, est d'élaborer une théorie de la segmentation du marché du travail. Elle se présente comme l'alternative marxiste à la théorie de Doeringer et Piore (cf. Edwards [1975], [1979], Gordon, Edwards et

Reich [1982]). Dans cette problématique, la théorie radicale attribue un rôle premier aux rapports entre employeurs et salariés dans l'entreprise et, en particulier, à la forme de contrôle sur le procès de travail, qui est définie comme l'ensemble des règles relatives au travail.

Il est alors logique que l'école radicale américaine n'ait pas véritablement développé de théorie du salaire, *stricto sensu* ; ce n'était pas, pour elle, un but prioritaire. Aussi, l'évolution du salaire apparaît-elle comme un sous-produit d'une théorie des formes de contrôle sur le procès de travail.

A la différence de la théorie de la régulation dont la problématique est d'abord macroéconomique, l'école radicale a toujours adopté une démarche inverse, en portant d'abord son attention sur les phénomènes microéconomiques. Ainsi, elle considère l'entreprise comme le lieu de contradictions croissantes entre chaque étape du développement du capitalisme et le type de procès de travail. Trois formes de contrôle sur le procès de travail se sont historiquement succédé. Nous mettrons en évidence les règles d'évolution des salaires qui leur correspondent.

Le « contrôle simple » : la loi de l'employeur. — Au capitalisme concurrentiel de la fin du XIXe siècle, correspond le « contrôle simple », ou « contrôle hiérarchique », sur le procès de travail. Cette forme de contrôle est établie par l'autorité et le charisme du chef d'entreprise, qui exerce un pouvoir personnel. Les mécanismes du contrôle, informels et peu structurés, reposent sur des relations directes entre employeurs et salariés.

Il n'y a pas à proprement parler de loi, au sens de règle, d'évolution des salaires. L'employeur fait « sa loi », en se comportant comme un despote. Selon son bon vouloir, il rétribue les performances, favorise les salariés loyaux et applique un système d'incitations et de sanctions (Edwards [1979], p. 19). Le règne de l'arbitraire exclut toute codification de l'évolution des salaires.

Le « contrôle technique » : taylorisme et salaire aux pièces. — Ensuite s'ouvre une période transitoire (1890-1920), durant laquelle apparaissent des tensions qui proviennent de l'incapacité de la structure et de l'organisation de l'entreprise à faire face à sa croissance. Pendant cette phase, se développe le « contrôle technique » qui s'applique, comme son nom l'indique, uniquement à la structure physique du procès de travail. Le taylorisme en est l'expression la plus directe. Le travail à la chaîne conduit à une déqualification générale, ce qui rend la force de travail très homogène.

Le salaire est un sous-produit de cette forme de contrôle. En effet, le taylorisme s'appuie sur le salaire aux pièces. Il permet de trouver une solution automatique au problème de la transformation de la force de travail en travail, puisque le salaire est fonction de la quantité produite. Mais ce mode de rémunération entraîne des effets contre-productifs. Si les salariés restreignent la production, les machines doivent fonctionner en dessous de leur cadence maximale (Edwards [1979], p. 99).

Le « contrôle bureaucratique » : le rôle des classifications d'emploi. — Le développement de la syndicalisation explique l'échec du contrôle technique après la Seconde Guerre mondiale et l'instauration du « contrôle bureaucratique ». L'exercice du pouvoir hiérarchique dans l'entreprise s'institutionnalise. La définition des tâches, l'évaluation des performances des salariés, la distribution des « récompenses » et des « punitions » résultent de « l'application » de règles et de procédures précises (*ibid.*, p. 131). Quant à l'évolution du salaire, elle dépend aussi de règles, à savoir les systèmes de classification des postes (*ibid.*, p. 134).

Pour les radicaux, le « contrôle bureaucratique » n'est pas un compromis entre capital et travail, car il développe, lui aussi, des contradictions. Tel est le cas de la baisse de la productivité, qui résulte à la fois d'une crise du travail et du coût élevé de cette forme de contrôle ; en effet, en raison des garanties d'emploi, le coût salarial devient un coût fixe auquel s'ajoute le coût d'évaluation des performances des salariés.

Le taux de chômage a moins d'effet sur l'évolution des salaires que sur la discipline au travail

Les radicaux américains s'inspirent des analyses de Michael Kalecki [1943] selon lequel le chômage est un régulateur des salaires et de l'effort. James Rebitzer [1988] a cherché à mesurer l'effet du chômage sur les salaires et sur la productivité du travail. Il explique le taux de croissance du salaire nominal par le taux de chômage, le taux de croissance des prix à la consommation retardé (c'est-à-dire de la période précédente (t – 1)), le taux de syndicalisation dans l'industrie, et par des variables mesurant la capacité à payer de hauts salaires (le taux de croissance de la productivité du travail des années t et t – 1). Les résultats de son estimation montrent un effet différent du taux de chômage sur les salaires, selon la nature des rapports sociaux établis dans les secteurs. Dans ceux où les relations salariales sont précaires et incertaines, l'effet d'une croissance du chômage est sensible. L'effet d'une hausse du taux de chômage de 4,8 % (entre 1960 et 1969) à 6,2 % (entre 1970 et 1979) est de – 0,59 % sur le taux de croissance du salaire nominal et de 0,33 % sur le taux de croissance annuel de la productivité, de sorte que l'effet total sur le coût du travail par unité produite est de – 0,92 %. En revanche, dans les secteurs qui ont développé des relations salariales de long terme, l'effet du taux de chômage est moindre : – 0,18 % sur le taux de salaire nominal, + 0,14 % sur la productivité du travail. Ainsi, la réduction du coût du travail par unité produite n'est que de – 0,32 % (Rebitzer [1988], p. 393). C'est peut-être la seule étude empirique menée par les radicaux qui fasse ressortir l'effet du chômage sur l'évolution des salaires.

Au contraire, des recherches menées par d'autres radicaux (Weisskopf, Bowles et Gordon [1983], Schor et Bowles [1987], Schor [1988], Green et Weisskopf [1990]) tendent à montrer que le salaire ne diminue pas nécessairement avec la hausse du chômage. Le taux de chômage a une incidence plus significative sur l'intensité du travail (en raison de la peur de perte d'emploi), sur le ralentissement de la productivité et sur les grèves que sur le niveau du salaire. Samuel

Bowles [1985] formalise une partie de ces résultats par un modèle de salaire d'efficience. Dans le modèle radical, la menace de perte d'emploi astreint le salarié à fournir un minimum d'effort au travail, tandis que, dans un modèle plus conventionnel comme celui d'Akerlof (cf. chap. VI), l'entreprise obtient un travail et un effort de meilleure qualité en motivant son personnel par des salaires plus élevés que ceux du marché.

3. La théorie régulationniste-radicale japonaise : l'influence du taux de chômage dans les secteurs syndiqués

Tsuyoshi Tsuru a cherché à évaluer la pertinence de la thèse du rôle du taux de chômage sur l'évolution des salaires. Il montre, à partir d'études économétriques, qu'au Japon comme aux États-Unis le taux de chômage a un effet négatif sur l'évolution des salaires, dans les secteurs fortement syndiqués, depuis le début des années soixante-dix (cf. Tsuru [1991a], les estimations portent sur la période 1971-1976 et 1977-1987 pour le Japon et sur 1970-1979 et 1980-1987 pour les États-Unis). Tsuru teste, dans [1991b], l'effet du taux de chômage sur l'évolution des salaires aux États-Unis, pour la période 1958-1987. L'équation de salaire est la suivante :

$$\dot{W}_t = a + \sum_{i=0}^{m} b_i \, DP_{t-i} + c\dot{p}_{t-1} + U$$

où $\dot{W}$ est le taux d'évolution annuel du revenu horaire moyen pour les salariés de production ;
DP est une mesure de la demande de travail des entreprises au temps t ;
$\dot{p}$ est le taux en % d'évolution de l'inflation au temps t ;
U est un terme d'erreur stochastique.

La question essentielle que souligne Tsuru (p. 264) est de savoir pourquoi les secteurs à fort taux de syndicalisation ont, de façon paradoxale, contribué à la restauration de l'effet du taux de chômage sur l'évolution des salaires. L'une des explications possibles tient aux changements des modalités de la négociation salariale et à l'acceptation, de la part des syndicats, de concessions salariales. Au moment de « l'offensive de printemps » (qui est la négociation salariale annuelle entre les grandes entreprises et les syndicats), les employeurs ont modifié les règles d'évolution des salaires, pour les fonder sur la performance de l'entreprise. Il n'y a pas eu de résistance syndicale car les salariés syndiqués obtenaient, en contrepartie, la stabilité d'emploi. De plus, ce changement a été favorisé par un déplacement du niveau de négociation, de la branche vers l'entreprise.

En revanche, l'effet relativement faible du taux de chômage sur l'évolution des salaires dans les secteurs non syndiqués tient à deux raisons : d'une part, en dépit de la faible croissance des années soixante-dix, les industries peu syndiquées bénéficiaient d'une croissance de l'emploi, à cause du développement des services ; d'autre part, ces secteurs étaient à l'abri de la concurrence internationale et parfois protégés par l'État. Il ne leur était donc pas nécessaire de répercuter la tension de l'emploi sur les salaires.

Il en a été de même aux États-Unis : l'impact des concessions salariales a été crucial, au début des années quatre-vingt où la détermination des salaires est devenue plus dépendante de la performance de l'entreprise. Ces concessions ont seulement concerné les secteurs syndiqués. En revanche, les secteurs non syndiqués se sont trouvés dans une situation complètement différente. Comme il s'agit des services, ces secteurs ont bénéficié d'une certaine croissance économique et ont échappé à la concurrence des produits importés comme à la dérégulation. L'évolution des salaires a donc été assez peu sensible au taux de chômage et aux pressions que les employeurs auraient pu exercer.

La théorie de la régulation a choisi une piste qui s'est révélée très fructueuse, en considérant que l'analyse des évolutions de salaire avait plus d'intérêt que celle de leurs niveaux. « La logique de fixation des salaires serait d'emblée *dynamique*, ou plus exactement, dans la mesure où les augmentations de salaires sont calées sur des augmentations de productivité *globales* (et non pas individuelles), cette logique dynamique s'accompagne nécessairement, en synchronie, du respect d'une hiérarchie prédéterminée des salaires. » (Favereau, [1993], p. 11.) Cependant, comme le fait remarquer ce dernier, la théorie de la régulation n'a pas résolu, dans ce domaine, un problème. En effet, parce qu'elle s'intéresse plus aux phénomènes macro que microéconomiques, elle considère la hiérarchie salariale comme une donnée, ce qui exclut toute théorie de la formation de cette hiérarchie.

La théorie radicale américaine a fait du salaire un sous-produit des formes de contrôle du procès de travail. Si cette option est irréprochable, au moins d'un point de vue empirique, on peut cependant regretter d'avoir mis en évidence seulement une relation univoque entre l'évolution du salaire et des formes du procès de travail.

Enfin, c'est par intérêt que les entreprises changent de règles d'évolution des salaires. Alors comment expliquer les transformations historiques des règles d'évolution des salaires, en maintenant une méthodologie holiste selon laquelle le « tout » est l'ultime explication ? A cette question, on pourrait s'appuyer sur les travaux de Tsuru, qui montrent le rôle de l'institution syndicale dans les transformations de l'évolution des salaires. Mais Tsuru n'explicite pas les raisons qui amènent les syndicats à accepter certaines concessions qu'ils refusaient de faire jusqu'alors. On s'aperçoit que l'analyse des relations entre salaires et institutions exigerait une théorie du pouvoir.

IX / Les théories des explications de la variation des salaires à court terme : rigidité et flexibilité des salaires

Trois courants théoriques seront présentés dans ce chapitre : d'abord, celui de l'impossible optimisation instantanée des ajustements de salaire ; ensuite, la théorie des contrats implicites ; enfin, les théories de l'indexation optimale. Sur quoi repose cette sélection ?

La rigidité du salaire, à court terme, est souvent invoquée par de très nombreuses théories. Mais c'est, à quelques exceptions près, de façon superficielle, simplement parce qu'elles poursuivent un autre objectif : l'élaboration d'une théorie du chômage. La théorie de la recherche d'emploi, pour laquelle le comportement des demandeurs d'emplois est à l'origine du chômage volontaire, le montre bien. En effet, ces derniers se fixent un niveau de salaire acceptable, appelé « salaire de réservation », supérieur au niveau du marché. La théorie ayant relâché l'hypothèse d'information parfaite sur le marché du travail, les demandeurs d'emploi ne trouvent pas immédiatement du travail. Comment procèdent-ils ? Ils font deux hypothèses : la recherche d'informations pour trouver du travail a un coût ; il existe un volume optimal d'informations à acquérir avant d'accepter un emploi. Ainsi, le demandeur d'emploi cesse sa prospection dès que le coût supplémentaire de son dernier entretien est égal à la perspective de gain supplémentaire. Autrement dit, ses recherches se poursuivent jusqu'à ce que le salaire offert corresponde à ses prétentions. D'où la formation d'un chômage volontaire, qui est la contrepartie du temps de prospection. Il s'agit donc d'une théorie rudimentaire du salaire, dans la mesure où la rigidité salariale renvoie à un type de comportement que l'on suppose correspondre à celui de tous les demandeurs d'emploi pour construire une problématique spécifique du chômage.

Quant aux différentes variantes du salaire d'efficience, qui sont des théories du chômage et de la rigidité salariale, elles ne traitent en fait que d'un cas particulier de cette dernière, la rigidité à la hausse, car le niveau du salaire dépasse toujours celui du marché (par conséquent, sa variation aussi). De plus, ces approches ayant déjà été exposées au chapitre VI, nous n'y reviendrons pas.

1. L'impossible flexibilité instantanée du salaire (Walter Oi)

Walter Oi [1962] est peut-être l'un des premiers économistes à avoir insisté sur la quasi-fixité du travail ; en tout cas, c'est sûrement le premier dont l'hypothèse a eu un retentissement dans la communauté scientifique.

Selon Walter Oi, il faut considérer que les coûts du travail sont plus que proportionnels aux quantités de travail, en raison des frais d'embauche, de licenciement, de formation, etc. De plus, la totalité de ces coûts diffère d'une entreprise à l'autre, en raison, par exemple, du type d'organisation du travail. La prise en compte des coûts fixes transforme la demande de travail néo-classique en une demande de travail pluritemporelle ; ce n'est plus le taux de salaire instantané qui est une donnée pertinente, mais la valeur actualisée des coûts. Ceux-ci doivent être égaux à la valeur actualisée des productivités marginales. Pour calculer le taux de salaire, il faut donc non seulement évaluer les coûts salariaux variables et fixes, mais aussi les productivités marginales des salariés futurs. Ainsi, l'entreprise se trouve devant plusieurs choix possibles, relatifs au taux de salaire et au niveau de la formation qui sera dispensée au salarié. Ces choix reviennent toujours à calculer un taux de salaire qui amortisse les coûts fixes sur plusieurs années. Il est dans l'intérêt de l'employeur de conserver les salariés formés, ce qui est facilité par le fait que la formation donnée est difficilement transférable à l'extérieur. Cette stratégie révèle l'impossibilité d'une optimisation flexible instantanée. Elle empêche, en cas de mauvaise conjoncture, certains licenciements dont le coût serait plus élevé que le salaire versé. La théorie du travail comme facteur quasi fixe montre bien que la *rigidité salariale n'est pas nécessairement inefficace* (ce qui n'implique pas que la théorie admette la proposition contraire). Soulignons le caractère paradoxal de cette conclusion : elle va à l'encontre des fondements néo-classiques traditionnels sur lesquels elle s'appuie.

2. La théorie des contrats implicites comme théorie de la rigidité rationnelle des salaires

La rigidité du salaire comme transfert du risque dans le temps

En principe, dans la théorie néo-classique, le chômage devrait entraîner une baisse des salaires réels et un retour à l'équilibre. Mais ces faits, même stylisés, ne se « plient » pas à la théorie. La théorie des contrats implicites (Baily [1974], Gordon [1974], Azariadis [1975]) cherche, tout en préservant le cadre habituel de la théorie néo-classique, à fournir une explication de la rigidité des salaires, malgré le chômage (pour un exposé très complet de cette théorie, cf. Anne Perrot [1990] et [1992]).

Face à l'incertitude (le chômage) qui pèse sur le marché du travail, ce dernier n'est plus le lieu de médiation entre employeurs et salariés. En effet, ils établissent un partage tacite des risques, appelé « contrat implicite ». Comme les salariés sont encore moins informés que les employeurs sur la situation future de l'économie et de l'entreprise, ils ont une plus grande aversion pour le risque que leurs employeurs. Cela se traduit par une préférence pour la régularité du salaire. Les entreprises s'engagent à verser des salaires stables dans le temps, même en période de mauvaise conjoncture. En contrepartie, si la conjoncture devient à nouveau favorable, les salaires n'augmentent pas ; ils restent inférieurs à ceux du marché concurrentiel. Tout se passe comme si le contrat de travail était un contrat d'assurance ; l'entreprise est l'assureur de ses salariés ; la prime d'assurance, payée par ces derniers, est la différence entre le salaire du marché et le salaire contractuel. Le point délicat concerne le calcul de la prime. Comme le niveau du salaire doit être suffisant pour que les salariés restent dans l'entreprise, la prime dépend du degré d'aversion pour le risque des salariés : elle sera d'autant plus forte qu'ils craignent une conjoncture défavorable. La théorie des contrats implicites constitue donc une *théorie du partage optimal du risque entre employeurs et salariés.* Ainsi, en étant insensible aux évolutions de l'emploi, le salaire optimal diffère de la productivité marginale du travail. Si l'entreprise s'est ainsi engagée sur la stabilité du salaire, elle garde une possibilité d'adaptation aux mouvements conjoncturels, au moyen d'un ajustement par les quantités : recours au chômage partiel et au licenciement. Cette théorie introduit une nouvelle fonction du salaire, qui consiste à répartir les risques dans le temps. La théorie parvient ainsi à expliquer la rigidité salariale, tout en conservant l'hypothèse de rationalité individuelle, par l'incapacité du marché du travail à assurer l'échange salarial, ainsi qu'à déterminer le niveau et l'évolution des salaires. Ce renoncement au marché conduit à souligner que, *dans la théorie des contrats, le salaire a changé de statut. Ce n'est pas un prix de marché, mais le résultat monétaire d'une règle convenue entre deux individus rationnels.* La règle est ici définie comme un accord de volonté entre employeurs et salariés. De ce fait, elle est inséparable de la représentation que s'en font ces derniers, ce dont la théorie ne tient pas compte : pourquoi les uns et les autres partageraient-ils la même représentation ?

Évaluation de la théorie, ou comment se débarrasser du collectif...

Certaines hypothèses et conclusions de cette théorie sont peu contestables.

• Les salariés sont supposés avoir plus d'aversion pour le risque d'instabilité du salaire que les entreprises, qui disposent d'autres moyens de faire face au risque ; elles peuvent diversifier leurs actifs. Cette hypothèse est conforme aux principes et à la pratique du droit du travail français. La contrepartie du rapport de subordination du salarié est de recevoir un salaire indépendant des aléas économiques de l'entreprise.

• Pour faire face à l'incertitude, la théorie se fonde sur la constitution de relations de long terme entre employeurs et salariés. Cette politique correspond au mode de gestion des grandes entreprises, qui créent des « marchés internes du travail », selon l'expression de Doeringer et Piore [1971] (cf. chap. VI).

• La théorie prédit que les profits fluctuent plus que les salaires, ce qui est vérifié dans les économies développées.
Cependant, la théorie des contrats implicites soulève certaines objections.

• Si la théorie « collait » bien avec la stabilité du revenu salarial de la plupart des pays de l'OCDE dans les années quatre-vingt, c'était en raison de l'indexation des salaires sur le coût de la vie passée, et non en vertu d'un contrat implicite.

• Par hypothèse, les salariés ont tous le même comportement, ce qui entraîne l'acceptation unanime du même type de contrat. Or, c'est plutôt la diversité des contrats salariaux qui caractérise les économies développées (cf. Reynaud [1992], chap. III).

• *Quand bien même les salariés formeraient une population homogène, pourquoi sont-ils supposés avoir plus d'aversion pour la fluctuation du salaire que pour le chômage ?* Si tel est le cas, on pourrait imaginer un contrat qui stipulerait l'acceptation de baisse de salaire, en contrepartie d'un renoncement à des licenciements. D'ailleurs, l'économie américaine, et en particulier l'automobile, montre la pertinence de cette remarque. L'entreprise Chrysler ouvre la première brèche dans le modèle fordiste, en 1982, lors de la renégociation de son accord conclu avec les salariés : les concessions salariales acceptées par le syndicat automobile UAW portent notamment sur la suppression de l'AIF (*Annual Improvement Factor*, qui est une augmentation automatique du salaire de 3 % par an) et sur l'effet différé de la COLA (*Cost of Living Adjustement*, qui garantit une indexation automatique des salaires sur le coût de la vie). Cet accord sert d'exemple à General Motors et à Ford dès 1982 (cf. Coriat [1990], p. 234-241). Ces pressions sur le salaire ont pour contrepartie une certaine garantie d'emploi et l'instauration de dispositifs visant à améliorer la formation.

Cette stratégie gagne du terrain en France, pays où, jusqu'en 1991, l'ajustement par les salaires ne correspondait pourtant pas à la culture nationale, comme l'ont souligné la plupart des responsables des entreprises (enquête de Reynaud et Najman [1992a]). A la question de l'éventualité d'une baisse des salaires, pour s'ajuster à la conjoncture, la réponse la plus fréquente était : « L'ajustement se fait par l'emploi. On n'est pas aux États-Unis ! » Ce temps semble révolu à partir de 1992. En effet, des accords de réduction du salaire (avec diminution ou non du temps de travail, selon les cas), en échange du renoncement à tout ou partie des licenciements prévus. Des entreprises, comme Potain, Digital, la Biscuiterie Nantaise, ont adopté cette solution. La Délégation à l'Emploi a recensé 37 accords de ce type en juin 1993.

• La théorie des contrats ne rend pas toujours compte de la réaction des économies aux chocs macroéconomiques. En France, de 1973 à 1983, les salaires réels ont continué à progresser, tandis que les profits supportaient les coûts d'ajustement.

• Pourquoi les contrats ne sont-ils pas renégociés de façon périodique, afin de tenir compte de l'évolution constatée de la conjoncture ? Une telle renégociation pourrait s'avérer mutuellement avantageuse.

• La théorie fait comme si la force exécutoire du contrat allait de soi. Pourquoi les contrats sont-ils respectés, alors que, dans certains cas, il serait de l'intérêt des employeurs ou des salariés de ne plus respecter ces engagements tacites ? Rien n'oblige les acteurs à tenir leurs promesses, sauf la réputation, comme le souligne James Malcomson ; mais il reste encore à l'endogénéiser.

• Le caractère implicite du contrat permet de réduire ce dernier à un pur rapport inter-individuel, entre deux parties. Ainsi se trouvent niées non seulement toutes formes collectives d'organisation dans les rapports de travail, mais aussi les institutions (les lois, les conventions collectives et les accords d'entreprises). Ces formes sociales collectives sont très embarrassantes pour le paradigme néo-classique traditionnel qui ne connaît que des individus.

• La théorie des contrats, tout au moins dans cette version de base, est statique. Elle évacue la dynamique des changements de comportement possibles face à l'incertitude. L'histoire est une répétition sans fin du présent.

3. Les théories de l'indexation des salaires

Les théories de l'indexation des salaires cherchent le degré et la périodicité d'une indexation optimale des salaires, qui permettraient aux nations de supporter les perturbations et les chocs macroéconomiques extérieurs. Ces théories sont au cœur de la conception du salaire comme règle.

Selon que l'analyse se situe dans un cadre nominal ou réel,

l'indexation a des conséquences diamétralement opposées. Elle permet une grande flexibilité du salaire nominal, à la hausse en cas d'inflation, et à la baisse en cas de désinflation. Mais dans la mesure où les évolutions nominales résultent de changements de prix relatifs, l'indexation entraîne une rigidité du salaire réel.

L'un des paramètres qui définit l'indexation est la longueur du contrat salarial, qui doit tenir compte de la fréquence des chocs sur l'économie. Comme l'indexation introduit une rigidité du salaire réel, l'absence de renégociation des contrats peut conduire à des déviations du salaire réel (qui reste inchangé) par rapport aux autres grandeurs macroéconomiques : emploi et production. Or un contrat indexé peut cesser d'être optimal s'il se produit, après sa signature, des changements de politique économique. Stanley Fisher [1977] a montré que la durée du contrat devait correspondre à celle de validité de la politique monétaire. Il faut donc une renégociation fréquente des contrats salariaux, mais tout en tenant compte de leurs coûts de négociation. Une économie où dominent des contrats indexés sur une longue période ne peut s'adapter aux chocs. Par conséquent, plus l'économie est instable, plus les contrats doivent être conclus pour une courte durée. Si l'on considère une économie composée de plusieurs secteurs caractérisés par des contrats salariaux dont la durée et le degré d'indexation diffèrent, la détermination des contrats optimaux devient éminemment complexe. Les conclusions des économistes sont d'ailleurs d'une grande généralité : « La multiplicité des formes de contrats salariaux, au sein d'une économie soumise à des règles de politique économique uniformes, peut ainsi expliquer l'instabilité de l'économie agrégée » (Perrot, dans Hénin éd., *op. cit.*, p. 38).

La comparaison de ces trois courants théoriques permet de mieux saisir deux phénomènes. D'une part, la rigidité salariale et donc l'évolution des salaires dépendent de règles : règles de gestion qui consistent à intégrer les éléments de fixité du salaire, dans la théorie de Walter Oi ; règles implicites d'engagement de deux parties, dans la théorie des contrats ; règles explicites d'indexation des salaires, dans la théorie de l'indexation optimale. Ainsi, *le salaire, saisi dans son évolution à court terme, est le prix de l'application d'une règle*. D'autre part, la diversité des degrés de formalisation des règles apparaît mieux. Leur différence de nature a des répercussions importantes sur le débat, toujours brûlant, de la flexibilité salariale.

X / Vers une théorie du salaire comme résultat d'interprétations de règles ?

Dès lors que l'on accepte l'incomplétude du contrat salarial comme le socle sur lequel toute théorie de la formation des salaires doit être construite, la loi de l'offre et de la demande de travail, conduisant au salaire-prix, perd une grande partie de son efficacité.

Avec la théorie du « marché interne », Doeringer et Piore ont réussi à faire admettre que l'entreprise est un espace de règles. Mais les économistes n'ont pas cherché, ou pas accepté, les conséquences de ce *déplacement du mode de fixation des salaires du marché vers l'entreprise*. Pourtant, il ne peut être logiquement dissocié d'un *changement radical de la conception du salaire : ce n'est plus seulement un prix, mais le résultat d'un ensemble de règles qu'il faut interpréter* (au sens large : enfreindre la règle, comme accéler lorsque le feu passe au rouge, constitue une interprétation parmi d'autres ; cf. Reynaud [1992], chap. II, sur les règles comme objets d'interprétations).

Rares sont les économistes qui explicitent ce basculement de la notion de salaire, excepté Olivier Favereau [1993], mais il n'en tire pas les mêmes conséquences en termes de programme de recherche.

En adoptant une conception instrumentale et cognitive de la règle, son interprétation devient centrale. Comment interpréter une règle et dans quelles formes d'organisation sociale ?

1. Une conception instrumentale et cognitive des règles

La force de la règle tient au fait qu'elle est un repère explicite qui a deux dimensions : étalon et modèle de référence. D'une part, la règle « étalonne » les comportements passés (cf. Jeammaud [1975], [1990] et Jeammaud et Lyon-Caen [1982]). Concernant le travail, il s'agit d'évaluer la quantité, la qualité et l'intensité de la prestation, grâce à un chronomètre, une pointeuse, un salaire aux pièces, etc. D'autre part, la règle est un modèle qui sert de référence aux comportements futurs. En effet, *les règles servent de repères* non seulement à l'employeur pour fixer les salaires, mais aussi au salarié qui adapte son comportement en fonction de ces repères. Pour clarifier l'exposé, il est possible d'étudier le modèle de référence, en distinguant ses effets locaux ou, au contraire, généraux.

Le modèle local

En adoptant la première perspective, le modèle contenu dans la règle indique un modèle local à atteindre : en instaurant une règle, l'entreprise manifeste une intention. Toutes les formes de salaire sont élaborées plutôt pour inciter le salarié à adopter une certaine conduite en l'amenant à produire la quantité et l'intensité requises de travail que pour diriger son comportement de façon autoritaire. Ainsi, les expériences faites sur les réactions des individus face à divers systèmes de salaire mettent en évidence des phénomènes de « dissonance cognitive » (les individus éprouvent une sorte de malaise, lorsque la situation réelle n'est pas conforme à ce qu'ils en pensaient), ce qui tend à prouver que les règles salariales contiennent une idée d'exemplarité (cf. fin du chap. VI).

Le salaire aux pièces préconisé par Taylor ou l'individualisation actuelle des salaires sont deux exemples qui permettent de montrer la force du modèle local créé par la règle-étalon. En effet, ils indiquent que l'entreprise a pour objectif de valoriser l'individu au détriment du groupe, ou de mettre en concurrence des salariés entre eux. Ces règles se fondent sur une rationalité individuelle classique, selon laquelle le salarié est toujours à la recherche d'un gain maximal.

Dans cette perspective, la règle est alors une référence commune acceptée par la majorité de ses destinataires, ou imposée à ces derniers. Elle organise une certaine représentation de l'entreprise, ce qui permet d'éviter des négociations permanentes sur les salaires. Mais le contenu du modèle n'est évidemment pas le même d'une entreprise à l'autre (sinon, nous aurions une vision mécaniste de la règle). Ainsi, le salaire à l'ancienneté peut avoir de multiples sens possibles comme : « L'entreprise estime que la valeur de l'individu croît avec le temps, indépendamment de l'acquisition d'une plus grande qualification » ; ou : « L'entreprise souhaite maintenir les pratiques existantes », etc.

Le modèle général

Cependant, les mêmes formes de salaire ont aussi une portée générale. Cette perspective est nécessairement une reconstruction *a posteriori*, car le modèle général résulte d'un effet de composition des différents modèles locaux. Ainsi, pour les théoriciens de la régulation, et en particulier Michel Aglietta ([1976], chap. 3), les formes de salaire traduisent la recherche d'accroissement de la plus-value. Cela met au jour la dimension de la règle comme modèle général. Le salaire à la pièce qui dominait à l'époque du taylorisme est une forme dérivée du salaire au temps : le salaire de base, à la pièce, est égal au salaire horaire de base multiplié par la norme de rendement du poste. Selon cette théorie, les formes de salaire sont l'expression, à une époque donnée, d'une stratégie adoptée par la majorité des entreprises.

2. L'interprétation des règles salariales

L'absence d'interprétation des règles dans les théories néo-classiques du salaire

Pour les théories néo-classiques orthodoxes, la règle salariale ne pose pas de problème d'interprétation, en raison de leurs propres conceptions de la règle. Deux cas se présentent. Lorsqu'il s'agit d'une règle implicite, comme l'engagement réciproque de la théorie des contrats (verser un salaire stable en contrepartie d'une garantie de l'emploi), la question de l'interprétation est par définition sans fondement. Il en est de même lorsqu'il s'agit d'une règle explicite. Pourquoi ? Par hypothèse, les individus sont identiques et le théoricien les dote *a priori* d'une certaine psychologie (opportuniste, « resquilleur », hyper-rationnel, etc.). *Ils font donc tous la même interprétation de la règle et se comportent d'une façon « optimale »*. C'est la conclusion de certains économistes néo-classiques qui cherchent à prouver que les règles en vigueur, comme le salaire à l'ancienneté, résultent d'un comportement d'optimisation de premier ou de second rang. D'autres économistes néo-classiques, en particulier les théoriciens des incitations, ont adopté une démarche inverse, pour partir à la découverte de règles salariales qui doivent conduire les individus à faire la même interprétation de la règle et se comporter de façon « optimale » (exemple : le salaire avec partage de profit). Joseph Stiglitz [1975] a été l'un des premiers à élaborer cette classe de modèles. Les règles salariales préconisées évacuent donc la question de leur interprétation.

Les règles ne « s'appliquent » pas, elles s'interprètent

Pour certains économistes hétérodoxes, appartenant en particulier au courant de l'économie des conventions, (cf. Livet et Thévenot [1991], Eymard-Duvernay, Livet, Orléan, Favereau, Reynaud [1992], Reynaud [1993c], [1993d]), la règle n'est pas un modèle qui dicte les comportements. Elle est un cadre pour l'action, ce qui exige une interprétation.

Toutes les règles s'ordonnent entre deux types idéaux ; d'une part, celles qui ne demandent qu'une interprétation minimale, comme l'indexation des salaires sur les prix, que nous qualifions de « règles 1 » (l'interprétation se réduit à un choix entre un nombre fini d'options, qui sont définies *a priori*. Dans le cas de l'indexation, il s'agira de se demander quel indice choisir). D'autre part, celles qui exigent une interprétation maximale, comme le salaire fonction de la qualification, que nous appelons « règles 2 » (l'interprétation consiste dans une transformation du champ des possibles, en construisant différentes options). Dans les deux cas, l'élaboration de la règle n'est pas séparable de son « application ». A la différence de certains des chercheurs cités, nous estimons qu'il n'existe pas, en sciences sociales, de règle qui s'applique sans aucune ambiguïté. Même les règles négatives (« il est interdit de »), pour être respectées, nécessitent une exploration du nouveau champ des possibles et une interprétation.

En général, les règles comportent des éléments qui appartiennent à l'un ou l'autre type. Tel est le cas du chronométrage des tâches. Cette méthode exige non seulement de lire un chronomètre (ce qui ne demande pas d'interprétation), mais aussi de procéder à un « jugement d'allure », qui consiste à pondérer le résultat du chronométrage par une évaluation du rythme de travail de l'opérateur. Si ce dernier travaille lentement, le chronométreur réduira le temps mesuré d'un certain coefficient, pour tenir compte de l'intensité du travail. Le « jugement d'allure » demande une interprétation maximale.

L'exemple de la définition du salaire au rendement, codifiée par un accord-cadre interprofessionnel de 1975, met en évidence, pour les « règles 2 », comment peut être traitée la question de leur interprétation : « On entend par salaire au rendement une rémunération fonction d'une mesure du travail effectué par un travailleur ou une équipe, mesure définie selon des normes préalablement définies dans l'entreprise. » Pour être « appliquée », cette règle en appelle une autre : qu'est-ce qu'une norme de rendement ? La plupart des conventions collectives la définissent ainsi : « On entend par rendement normal un rendement correspondant aux trois quarts du rythme optimum qu'un salarié, normalement constitué, qualifié et entraîné pour le poste qu'il occupe, peut soutenir pendant toute son activité, cette activité pouvant être maintenue dans le temps sans qu'il en résulte une altération des facultés de l'intéressé. » Cet exemple montre que la règle se définit par des usages qui cachent en fait d'autres règles. Ces dernières semblent elles-mêmes avoir besoin de règles existantes, des « méta-règles », pour définir les conditions de leur application. Pourquoi cela ne nous conduit-il pas à une régression infinie des règles ? Celle-ci se produirait effectivement si l'on considère qu'une règle existe indépendamment de sa pratique. Or, toutes les règles salariales supposent une pratique existante qui donne leur contexte d'application. Suivant l'expression de Pierre Livet, « les règles ne sont pas seulement des maximes que l'on applique, ce sont des maximes que l'on interprète » (Livet [1986], p. 210).

L'interprétation des règles s'effectue dans une hiérarchie emboîtée

Les règles qu'il faut interpréter s'inscrivent dans une hiérarchie emboîtée, entre institutions et organisations. Cette notion désigne le « rapport hiérarchique » défini par Louis Dumont [1967] (cf. *supra*, chap. VII, p. 81-82). En effet, *les institutions et les organisations forment une hiérarchie emboîtée*. Ces deux formes sociales constituent des niveaux logiquement distincts ; pour l'édiction des règles, les institutions sont hiérarchiquement supérieures aux organisations, dans la mesure où elles élaborent des règles qui permettent à ces dernières de fonctionner. Autrement dit, comme les règles sont indissociables de leurs pratiques, *il incombe aux organisations d'interpréter les règles institutionnelles*. De ce fait, dans le domaine de la mise en œuvre des règles, les organisations sont hiérarchiquement supérieures aux institutions, dans les limites tolérées par ces dernières. Les organisations ont en effet le pouvoir, et parfois le devoir, de transformer une règle institutionnelle de « type 1 » en

« type 2 ». Tel est le cas de l'interdiction d'indexer les salaires sur les prix. A partir de 1982, les entreprises ont respecté cette règle ; mais s'agissant d'une règle négative, elle exige une interprétation pour être appliquée.

Le degré d'interprétation des règles dépend des situations locales

Le degré d'interprétation de la règle ne semble pas exister *a priori* (cf. Reynaud [1993c] pour une analyse de ce point fondée sur l'observation de l'instauration d'une règle). Mais c'est *la situation dans laquelle la règle se trouve* qui transforme le niveau d'interprétation requis. Cela rend encore plus difficile le choix des règles, de la part des entreprises ou de l'État qui auraient tendance à préférer les règles exigeant une interprétation minimale, jugées plus « efficaces ». Si cette hypothèse est pertinente, il faudrait analyser quelle sorte de coordination est nécessaire pour spécifier qu'il s'agit, par exemple, « d'une situation où l'on ne doit pas interpréter ». Le lieu de cette coordination serait une métaconvention.

3. Le salaire devient un vecteur de distribution du savoir collectif

Quelles sont les conséquences, sur le salaire, du rôle accordé à l'interprétation des règles ? Olivier Favereau [1993] suggère que leur interprétation déclenche un apprentissage collectif ou organisationnel : « Pour savoir comment interpréter la règle, il faut s'interroger sur la nature du collectif qui dessinerait la conformité à la règle. » (Favereau, [1993], p. 12-13.) Mais on peut faire l'objection suivante : cette position suppose de prêter au collectif un savoir sur l'interprétation de la règle, qui préexisterait aux interprétations individuelles, alors que c'est l'ensemble des individus qui construit ce savoir en « appliquant » la règle.

Pour mesurer les conséquences de l'interprétation des règles sur le salaire, il faut analyser les dynamiques et les types d'action collectives[1], qui sont à l'origine des différentes interprétations. La règle est alors immergée dans le collectif, ce qui le modifie en retour, par les représentations qu'elle suscite et les types d'action collective qu'elle engendre. Ainsi, une autre dimension du salaire apparaît : c'est un dispostif essentiel de *la constitution et de la distribution du savoir collectif*.

Ainsi, lorsqu'une entreprise instaure une règle salariale, (c'est aussi vrai d'un État), elle devrait intégrer non seulement l'aspect interprétatif des règles, mais aussi l'impact de celle-ci sur la distribution du savoir. Au lieu d'être conçue comme une relation univoque entre un dispositif et « sa conséquence », la politique salariale devrait être un processus interactif, entre individus et collectifs, salariés et employeurs, entreprises et État, etc., qui combinerait ajustement, interprétation et révision des règles.

1. C'est grâce à Pierre Livet et à Laurent Thévenot que mon attention s'est portée sur le rapport entre les règles et les formes de l'action collective (cf. Livet [1994], Livet et Thévenot [1991], Thévenot [1993]).

Repères bibliographiques

ADAMS J. [1965], « Études expérimentales en matière d'inégalités de salaire, de productivité et de qualité du travail », dans FAUCHEUX C. et MOSCOVICI S. [1971], p. 193-204.

AGLIETTA M., *Régulation et crises du capitalisme*, Calmann-Lévy, Paris, 1976.

AGLIETTA M. [1993], « Ordre monétaire et banques centrales », dans ORLEAN A. (éd.), *Analyse économique des conventions*, PUF, Paris, 1993.

AKERLOF G., « The Markets for Lemons : Quality, Uncertainty and the Market Mechanism », *The Quarterly Journal of Economics*, 1970, vol. 84, p. 488-500.

AKERLOF G., « Labor Contracts as Partial Gift Exchange », *The Quaterly Journal of Economics*, 1982, 92 (4), p. 543-569.

AKERLOF G. et YELLEN J. (eds), *Efficiency Wage Models of the Labor Market*, Cambridge University Press, Cambridge, 1986, p. 1-21.

AOKI M., « Le management japonais : le modèle de M. Aoki », *Problèmes économiques*, n° 2225, 15 mai 1991.

ARROW K. et HAHN F., *General Competitive Analysis*, San Francisco, 1971.

AZARIADIS C., « Implicit Contracts and Underemployment Equilibria », *Journal of Economic Theory*, 1975, p. 1183-1202.

BAILY M.N., « Wages and Unemployment under Uncertain Demand », *Review of Economic Studies*, vol. 41, 1974, p. 37-50.

BATIFOULIER Ph., CORDONNIER L. et ZENOU Y., « L'emprunt de la théorie économique à la tradition sociologique. Le cas du don contre don », *Revue économique*, n° 5, vol 43, sept. 1992, p. 917-946.

BAUDELOT C. et GLAUDE M., « Les diplômes se dévaluent-ils en se multipliant ? », *Économie et Statistique*, n° 25, octobre 1989, p. 3-15.

BECKER G., *Human Capital. A Theorical and Empirical Analysis*, Columbia University Press, 1964.

BELLOIR S., *Les Salaires dans la théorie économique anglaise*, thèse de 3e cycle, université de Paris-I, 1988.

BOWLES S., « The Production Process in a Competitive Economy : Walrasian, Neo-Hobbesian, and Marxian Models », *The American Economic Review*, vol. 75, n° 1, 1985, p. 16-36.

BOWLES S. et BOYER R., « Labor Discipline and Aggregate Demand : A Macroeconomic Model », *The American Economic Review*, vol. 78, n° 2, mai 1988.

BOYER R., « Les salaires en longue période », *Économie et Statistique*, septembre 1978, n° 103, p. 27-57.

BOYER R., *La Théorie de la régulation : une analyse critique*, La Découverte, coll. « Agalma », Paris, 1986.

BOYER R. (éd.), *La Flexibilité du travail en Europe*, La Découverte, Paris, 1986.

BOYER R. et ORLEAN A., « Les transformations des conventions salariales entre théorie et histoire », *Revue économique*, n° 2, mars 1991, p. 233-272.

BOYER R. et ORLEAN A., « How Do Conventions Evolve ? », *Journal of Evolutionary Economics*, vol. 2, 1992, p. 165-177.

BOYER R. et ORLEAN A., « Persistance et changement des conventions », *in* ORLEAN A. (éd.), [1994].

BRENNER R., « Unemployment, Justice, and Keynes's General Theory », *The Journal of Political Economy*, vol. 87, n° 4, août 1979, p. 837-850.

BROUSSEAU E., *L'Économie des contrats*, PUF, Paris, 1993.

BRUNO M. et SACHS J., *The Economics of Worldwide Stagflation*, Harvard University Press, 1985.

Cahiers du GAMA, *La Relation de Phillips : stabilité ou instabilité ?*, vol. 3, n°s 3-4, juillet-décembre 1982, Economica, Paris.

CAHUC P., « Les théories de la négociation salariale : une revue de la littérature », *Économie et prévision*, n°s 92/93, 1990, p. 21-30.

CAHUC P., *Les Négociations salariales*, Economica, Paris, 1991.

CAHUC P., *La Nouvelle Microéconomie*, La Découverte, coll. « Repères », Paris, 1993.

CAHUC P. et LAURENT T., « Emploi et négociations salariales en concurrence monopolistique : théorie et estimation », *Économie appliquée*, n° 3, 1988, p. 543-571.

CAHUC P., SEVESTRE P. et ZAJDELA H., « Négociations salariales et segmentation du marché du travail », *Économie et prévision*, n°s 92/93, 1990, p. 43-49.

CALMFORS L. et DRIFFILS J., « Bargaining Structure, Corporation and Macroeconomic Performance », *Economic Policy*, vol. 6, 1988, p. 16-61.

CORIAT B., *L'Atelier et le robot*, Éd. C. Bourgois, Paris, 1990.

COURBIS R., *Le Salaire nominal dans la théorie keynésienne*, thèse complémentaire de sciences économiques, université de Paris-I, 1973.

DAVID P., « Clio and the Economics of QWERTY », *The American Economic Review*, vol. 75, 1985, p. 332-337.

DEBREU G., *Théorie de la valeur*, Dunod, Paris, 1959.

DEBREU G., « Excess Demand Functions », *Journal of Mathematical Economics*, vol. 1, 1974, p. 15-23.

DERUELLE D., « Hausse à court terme du salaire nominal, tension du marché du travail et mouvements des prix et du SMIG », *Revue économique*, mai 1975.

DOERINGER P. et PIORE M., *Internal Labor Market and Manpower Analysis*, D.C. Heath Massachusetts, Lexington Mass., 1971.

DUBAR C., *La Formation professionnelle continue*, La Découverte, coll. « Repères », Paris, 1990.

DUMONT L., *Homo hierarchicus*, Gallimard, coll. « Tel », Paris, 1967.

DUNLOP J., « The Movement of Real and Money Wage Rate », *The Economic Journal*, sept. 1938, p. 413-434.

DUNLOP J., *Wage Determination Under Trade Union*, MacMillan Company, 1944, éd. 1950.

DUNLOP J., « The Task of Contemporary Wage Theory », *in* TAYLOR W., PIERSON (éd.), *New Concepts in Wage Determination*, Mc Graw Hill Book, 1957, p. 117-139.

DUPUY J.-P., *Introduction aux sciences sociales, logique des phénomènes collectifs*, Ellipses, Paris, 1992.

DURKHEIM E. [1895], *De la division du travail social*, 10e éd., PUF, Paris, 1978.

EDWARDS R., « The Social Structure of Production in the Firm and the Labor Market Structure », *in* EDWARDS R., REICH M. et GORDON D., *Labor Market Segmentation*, Lexington Books, D.C. Heath and Cie Massachusetts, 1975, p. 3-26.

EDWARDS R., *Contested Terrain*, Heinemann, Londres, 1979.

EYMARD-DUVERNAY F., « Les secteurs de l'industrie et leurs ouvriers », *Économie et Statistique*, nov. 1981, n° 138, p. 49-68.

EYMARD-DUVERNAY F. et *al.*, « Genèse des normes économiques : logiques d'interprétation et dynamiques collectives », *Document de travail du CREA*, mai 1992.

FAVEREAU O., « La formalisation du rôle des conventions dans l'allocation des ressources », dans SALAIS R. et THEVENOT L. (ed.), [1986], p. 249-267.

FAVEREAU O., « Évolution récente des modèles et des représentations théoriques du fonctionnement du marché du travail », *in Structures du marché du travail et politiques d'emploi*, ANPE, CGP, Délégation à l'emploi (éd.), Syros-Alternatives, Paris, 1988, p. 197-223.

FAVEREAU O., « Marchés internes, marchés externes », *Revue économique*, mars 1989, vol. 40, n° 2, p. 273-328.

FAVEREAU O., « Suggestions pour reconstruire la théorie des salaires sur une théorie des règles », Notes pour le séminaire CNAM, *Le Travail : marché et organisation*, du 2 avril 1993.

FISHER S., « Long Term Contracts, Rational Expectations and the Optimal Money Supply Rule », *The Journal of Political Economy*, vol. 85, n° 1, 1977, p. 191-205.

FRANK R., « Are Workers Paid their Marginal Products ? », *The American Economic Review*, sept. 1984, vol. 74, n° 4, p. 549-571.

FRANK R., *Choosing the Right Pond. Human Behavior and the Quest of Status*, Oxford University Press, New York, 1985.

FRANK R., *Fairness Passions Within Reason. The Strategic Role of Emotions*, Norton, New York, Londres, 1988.

FRIEDMAN M., « The Role of Monetary Policy », *The American Review*, mars 1968, p. 1-17.

GAZIER B., *Économie du travail*, Dalloz, Paris, 1991.

GLAUDE M., « Ancienneté, expérience et théorie dualiste du marché du travail : une étude sur données individuelles », *Économie appliquée*, tome 39, n° 4, 1986, p. 847-876.

GLAUDE M., « Salaires et carrières des ingénieurs diplômés », *Économie et Statistique*, n° 221, mai 1989, p. 33-46.

GORDON D.F., « A Neoclassical Theory of Keynesian Unemployment », *Economic Inquiry*, vol. XII, 1974, p. 431-459.

GORDON D.M., EDWARDS R. et REICH M., *Segmented Work, Divided Workers. The Historical Transformation of the Labor in the United States*, Cambridge University Press, Cambridge, 1982.

GRANOVETTER M., « Les institutions économiques comme constructions sociales : un cadre d'analyse », *in* ORLEAN A. (éd.), [1994].

GREEN F. et WEISSKOPF T., « The Worker Discipline Effect : a Disaggregative Analysis », *Review of Economic and Statistics*, n° 2, mai 1990, vol. LXXII, p. 241-249.

GUERRIEN B., *La Théorie néo-classique. Bilan et perspectives du modèle d'équilibre général*, Economica, Paris, 1989 (a).

GUERRIEN B., *L'Économie néo-classique*, La Découverte, coll. « Repères », Paris, 1993.

HENIN P. Y. (éd.), *L'Indexation des salaires*, Economica, Paris, 1987.

HICKS J., *Theory of Wages*, Macmillan, Londres, 1932.

HOFSTSTADER D., *Gödel, Escher, Bach*, trad. française, Paris Inter-Editions, 1985.

HOMANS G., « The Cash Posters », dans HOMANS G., *Sentiments and Activities*, Routledge and Kegan Paul, Londres, 1962.

HUTCHINSON T.W., *A Review of Economic Doctrine, 1870-1929*, Oxford Clarendon Press, 2e éd. 1962.

JEAMMAUD A., *Des oppositions de normes en droit privé interne*, thèse pour le doctorat d'État en droit, université Jean-Moulin, Lyon-III, 1975.

JEAMMAUD A., « La règle de droit comme modèle », *Chronique Recueil Dalloz*, n° XXXIV, 1990, p. 199-210.

JEAMMAUD A. et LYON-CAEN A., « Droit et direction du personnel », *Droit social*, n° 1, janvier 1982, p. 56-69.

KALECKI M. [1943], « Political Aspects of Full Employment », dans *Selected Essays in the Dynamics of the Capitalist Economy : 1933-1970*, Cambridge University Press, Cambridge, 1971.

KEYNES J.M. [1930a], *Essais sur la monnaie et l'économie*, trad. française, Payot, Paris.

KEYNES J.M. [1930b], « The Question of High Wages », *The Political Quaterly*, vol. 1, janvier, p. 110-124.
KEYNES J.M. [1930c], *The Memorandum.*
KEYNES J.M. [1936], *Théorie générale de l'emploi, de l'intérêt et de la monnaie*, trad. française, Petite Bibliothèque Payot, Paris, 1969.
KEYNES J.M., « The General Theory of Employment », *The Quaterly Journal of Economics*, vol. LI, 1937.
KEYNES J.M., « Relative Movements of Real Wages and Output », *The Economic Journal*, 1938, p. 34-51.
KEYNES J.M., « Changes in Real and Money Wages », *The Economic Journal*, mars 1939, p. 150-154.
LAFFONT J.J., « Le risque moral dans la relation de mandat », *Revue économique*, n° 1, janvier 1987, p. 5-23.
LAPIDUS A., « Le travail qualifié est-il trop complexe pour se laisser réduire ? Marx sans les conventions », *Revue économique*, vol. 44, n° 5, sept. 1993, p. 971-990.
Les Conventions, n° spécial *Réseaux*, nov-déc., n° 62.
LEIBENSTEIN H., « Organisational or Frictional Equilibria X-efficiency, and the Rate of Innovation », *The Quaterly Journal of Economics*, vol. LXXXIII, 1969, n° 4, p. 600-623.
LEONTIEFF W., « The Fundamental Assumption of Mr. Keynes Monetary Theory of Unemployment », *The Quaterly Journal of Economics*, n° LI, nov. 1936, p. 192-197.
LINDBECK A. et SNOWER D., « Explanations of Unemployment », *Oxford Review of Economic Policy*, vol. 1, 1985, p. 34-59.
LINBECK A. et SNOWER D., « Wage Setting, Unemployment, and Insider-Outsider Relations », *The American Economic Review*, vol. 76, 1986, n° 2, p. 235-239.
LIVET P., « La communication et ses indécidabilités », *Cahiers du CREA*, École polytechnique, n° 10, 1986, p. 137-228.
LIVET P., *La Communauté virtuelle*, Éd. de l'Eclat, 1994.
LIVET P. et THEVENOT L., « Les catégories de l'action collective », contribution au Colloque *L'Économie des conventions*, 27-28 mars 1991, *in* ORLEAN A. (éd.) [1994].
LOLLIVIER S., « Les salaires par qualification », *Économie et Statistique*, n° 221, mai 1989, p. 23-32.
MAC DONALD I. et SOLOW R., « Wage Bargaining and Unemployment », *The American Economic Review*, vol. 71, n° 5, 1981, p. 896-908.
MAGAUD J. et SUGITA K., « A propos d'une comparaison franco-japonaise : le retour des réseaux », dans HIRATA H. (éd.), *Autour du « modèle » japonais*, l'Harmattan, Paris, 1992, p. 193-208.
MALCOMSON J., « Unemployment and Efficiency Wage Hypothesis », *The Economic Journal*, vol. 91, décembre 1981, p. 848-866.
MANTEL R., « On the Characterization of Aggregate Excess Demand », *Journal of Economic Theory*, vol. 7, 1974, p. 348-353.
MARSHALL A., *Principles*, Macmillan, Londres, 1890.
MARX K. [1849], *Travail, salaire et capital*, Gallimard, « La Pléiade », t. 1, Paris.
MARX K. [1863/1867], *Lettres à Engels*, Gallimard, « La Pléiade », t. 2, Paris.
MARX K. [1867], *Le Capital*, Gallimard, « La Pléiade », Paris.
MAUSS M. [1924] (éd.), « Essai sur le don », dans *Sociologie et Anthropologie*, PUF, Paris, 1985, p. 144-171.
MAY K., « The Structure of Classical Value Theories », *Review of Economics Studies*, 17 (1), 1949.
METCALF M., « Labour Market Flexibility and Jobs - A Survey of Evidence from OECD Countries with Special Reference to Great Britain and Europe », *in* LAYARD

R. et CALMFORS L. (éd.), *The Fight Against Inflation*, Macroeconomic Papers from CEPS, MIT Press, Cambridge, Mass., 1987.

MIRRLEES J., « The Optimal Structure of Incentives and Authority within and Organization », *The Bell Journal of Economics*, vol. 17, 1976, p. 105-131.

NICKELL S.J., « A Bargaining Model of the Phillips Curve », *Centre for Labor Economics*, London School of Economics, Discussion Paper n° 130, 1982.

NICKELL S.J. et ANDREWS M., « Unions, Real Wages and Employment in Britain 1951-1979 », *Oxford Economic Paper*, n° 35, supplément, 1983, p. 183-206.

OI W., « Labor as Quasi-fixed Factor », *The Journal of Political Economy*, octobre 1962.

ORLEAN A (éd.), *Analyse économique des conventions*, PUF, Paris, 1994.

ORLEAN A., « Vers un modèle général de la coordination par les conventions », *in* ORLEAN A. (éd.), [1994].

PERROT A. [1987], « L'indexation des salaires en économie fermée », dans HENIN P.Y. (éd.), p. 7-47.

PERROT A., « La théorie des contrats : bilan et perpsectives », *Économie et Prévision*, n°s 92-93, 1990, p. 15-20.

PERROT A., *Les Nouvelles Théories du marché du travail*, La Découverte, coll. « Repères », Paris, 1992.

PHILLIPS A.W., « The Relation between Unemployement and the Rate of Change of Money Wages in the United Kingdom », *Econometrica*, vol. 25, nov. 1958, p. 283-299.

POULAIN E., « Marx et l'économie des conventions », *Revue économique*, n° 3, mai 1992, p. 519-532.

REBITZER J., « Unemployment, Labor Relations and Unit Labor Costs », *The American Economic Review*, 1988, p. 389-394.

Revue économique, *L'économie des conventions*, vol. 40, n° 2, mars 1989.

REYNAUD B., « Règles et logiques des relations salariales », *Économie et Statistique*, n° 192, octobre 1986, p. 43-63.

REYNAUD B., *Le Modèle hiérarchique : une méthode d'analyse des relations salariales*, thèse pour le doctorat d'État ès sciences économiques, université de Paris-X-Nanterre, 1987.

REYNAUD B., « Marshall précurseur du salaire d'efficience », *Revue française d'économie*, vol. 4, n° 1, hiver 1989, p. 149-164.

REYNAUD B., « Les modes de rémunération et le rapport salarial », *Économie et Prévision*, n°s 92/93, 1990 (a), p. 1-15.

REYNAUD B., « Dynamiques sectorielles et modes de rémunérations dans la crise : le cas français », *Économie et Prévision*, n°s 92/93, 1990 (b), p. 177-183.

REYNAUD B., *Le Salaire, la règle et le marché*, Éd. Christian Bourgois, Paris, 1992.

REYNAUD B. [1993a], « Les théories de l'équité, fondements d'une approche cognitive du salaire d'efficience », *Revue économique*, vol. 44, n° 1, janvier, p. 5-22.

REYNAUD B. [1993b], « Les cabinets de conseil en rémunération : obstacles ou dépassement du modèle taylorien et défis lancés au marché du travail », à paraître dans JACOB A. et VERIN H. (éd.), *L'Inscription sociale du marché*, PUF, Paris, 1994.

REYNAUD B. [1993c], « Genèse et dynamique de révision des normes », contribution au colloque de Cerisy, *Limitation de la rationalité et constitution du collectif*, 5-12 juin.

REYNAUD B. [1993d], « Origin, Révision of Norms in a Workshop : Routines and Collectives Dynamics », dans *Industrial and Corporate Change*, à paraître 1995.

REYNAUD B. et NAJMAN V., *Les Règles salariales au concret*, La Documentation française, Paris, 1992 (a).

REYNAUD B. et NAJMAN V., « Les

formules salariales actuelles : bricolage ou transformation radicale du fordisme », *Travail et Emploi*, n° 51, 1992 (b) p. 86-97.
RIBOUD M., *Accumulation du capital humain*, Economica, Paris, 1977.
RICARDO D. [1817], *Principes de l'économie politique et de l'impôt*, trad. française, Calmann-Levy, Paris, 1970.
ROSS A., *Trade Union and Wages Policies*, University of California Press, 1948.
ROTILLON G., *Introduction à la microéconomie*, La Découverte, coll. « Repères », Paris, 1992.
SALAIS R., « L'analyse économique des conventions de travail », *Revue économique*, vol. 40, n° 3, mars 1989, p. 199-240.
SALAIS R., BAVEREZ N. et REYNAUD B., *L'Invention du chômage*, PUF, Paris, 1986.
SAMUELSON A., *Les Grands Courants de la pensée économique*, 4e éd., Presses universitaires de Grenoble, 1992.
SANDOVAL V., « La régulation des bas salaires en Europe », *Économie et Statistique*, n° 257, septembre 1992, p. 57-65.
SCHOR J.B., « Changes in the Cyclical Pattern of Real Wages : Evidence From Nine Countries. 1955-1980 », *The Economic Journal*, juin 1985, p. 452-468.
SCHOR J.B., « Does Work Intensity Respond to Macroeconomic Variables ? Evidence from British Manufacturing, 1970-1986 », Havard Institute for Economic Research, *Discussion Paper n° 1379*, avril 1988.
SCHOR J.B. et BOWLES S., « Employment Rents and the Incidence of Strikes », *The Review of Economics and Statistics*, vol. LXIX, n° 4, 1987, p. 584-592.
SCHUMPETER J., *Histoire de l'analyse économique*, Gallimard, coll. « Bibliothèque des sciences humaines », 3 tomes, Paris, 1983.
SHAKED A. et SUTTON J., « Unvolontary Unemployment as Perfect Equilibrium in a Bargaining Model », *Econometrica*, vol. 52, 1984, p. 1351-1364.
SHAPIRO C. et STIGLITZ J., « Equilibrium Unemployment as a Worker Discipline Device », *The American Economic Review*, vol. 74, n° 3, juin 1984, p. 433-444.
SMITH A. [1776], *De la richesse des nations*, Gallimard, coll. « Idées », 1976.
SOLOW R., « Insiders and Outsiders in Wage Determination », *The Scandinavian Journal of Economics*, vol. 8 (2), 1985, p. 411-428.
SONNENSCHEIN H., « Do Walras Identity and Continuity Characterize the Class of Excess Demand Functions ? », *Journal of Economic Theory*, vol. 6, 1973, p. 345-354.
SPENCE M., *Market Signaling : Informational Transfer in Hiring and Related Screening Process*, Harvard University Press, Cambridge, 1974.
STIGLITZ J., « Wage Determination in LDC's : the Labor Turnover Model », *The Quaterly Journal of Economics*, vol. 88, 1974, p. 194-227.
STIGLITZ J., « Incentives, Risk, and Information : Notes Towards a Theory of Hierarchy », *The Bell Journal of Economics*, vol. 6, 1975, p. 552-572.
STIGLITZ J., « The Causes and Consequences of the Dependance of Quality on Price », The Journal of Economic Litterature, n° 25, 1987, p. 1-48.
TARSHIS L. [1939], « Changes in Real and Money Wages », dans *Readings in the Bargaining of Income Distribution*, American Economic Association, 1946, p. 330-335.
THEVENOT L., « Économie et politique de l'entreprise ; économie de l'efficacité et de la confiance », *in* BOLTANSKI L. et THEVENOT L. (éd.), *Justesse et justice dans le travail*, CEE-PUF, Paris, 1989, p. 135-207.
THEVENOT L., « Formes de "savoir collectif" et régimes d'ajustement des actions », contribution au col-

loque de Cerisy, *Limitation de la rationalité et constitution du collectif*, 5-12 juin 1993.

THIBAUT J. et STRIKLAND L.H. [1956], « Disposition psychologique et conformité sociale », *in* FAUCHEUX C. et MOSCOVICI S. (éd.) [1971], p. 285-300.

THORIS G., *La Répartition des revenus*, Armand Colin, coll. « Cursus », Paris, 1993.

TSURU T., « Unit Labor Costs, the Reserve Army Effect, and the Collective Bargaining System : a US-Japon Comparison », *in* TAKAYAMA N., KUBONIWA M. et TSURU T. (éd.), *Making Economics More Efficient and More Equitable : Factors Determining Income Distribution*, Oxford University, mars 1991 (a), p. 407-435.

TSURU T., « The Reserve Army Effect, Unions and Nominal Wage Growth », *Industrial Relations*, vol. 30, n° 2, 1991 (b) p. 251-270.

TURGOT [1776], *Réflexions sur la formation et la distribution des richesses*.

VERCUEIL J., *Les Institutionnalistes américains, précurseurs de l'économie des conventions*, mémoire de DEA « Économie des institutions », université Paris-X-Nanterre, sous la direction de B. Reynaud, 1993.

VILLE Ph. DE et VROEY M. DE, « Salaire et marché du travail chez Marx et Keynes : orthodoxie ou hétérodoxie ? », *Cahiers d'économie politique*, n°s 10-11, 1985, p. 67-90.

VON MISES L. [1949], *L'Action humaine*, trad. française, PUF, Paris, 1983.

WALLISER B. [1993], « Institutions et théorie des jeux », *in* ORLEAN A. (éd.) [1994].

WALRAS L. [1874], *Éléments d'économie politique pure ou théorie de la richesse sociale*, Economica, Paris, éd. 1988.

WALRAS L. [1898], *Éléments d'économie politique appliquée. Théorie de la production et de la richesse sociale*, Paris-Lausanne, éd. 1936.

WEISS A., « Job Queues and Layoffs in Labor Markets in the Flexible Wages », *The Journal of Political Economy*, vol. 88, n° 31, 1980, p. 526-538.

WEISSKOPF T., GORDON D.M. et BOWLES S., « Hearts and Minds : A Social Model of US Productivity Growth », *Brookings Papers on Economic Activity*, 2, 1983, p. 381-450.

WILKINSON F. (éd.), *The Dymamics of Labour Market Segmentation*, Academic Press, 1983.

WILLIAMSON O.E., *Markets and Hierarchies : Analysis and Antitrust Implications*, The Free Press, Macmillan, New York, 1975.

WILLINGER M., « Préservation du *statu quo* et dynamique organisationnelle », *in* ANCORI B. (éd.), *La Dialectique de la mémoire et de l'oubli dans les phénomènes d'inerties et de changements économiques*, rapport de recherche du BETA, mars 1993, p. 54-63.

ZAJDELA H., « Le dualisme du marché du travail : enjeux et fondements théoriques », *Économie et Prévision*, n°s 92/93, 1990, p. 31-42.

Table

Dans la collection "Repères"

L'affaire Dreyfus, V. Duclert.
L'analyse de la conjoncture, J.-P. Cling.
Les banques, C.J. Simon.
Les biotechnologies, C. Ducos et P.-B. Joly.
La Bourse, M. Durand.
Le budget de l'État, M. Baslé.
Le calcul économique, B. Walliser.
Le capitalisme historique, I. Wallerstein.
Les catégories socioprofessionnelles, A. Desrosières et L. Thévenot.
Le chômage, J. Freyssinet.
Le commerce extérieur de la France, F. Milewski.
Le commerce international, M. Rainelli.
Le comportement électoral des Français, C. Ysmal.
La comptabilité en perspective, M. Capron.
La comptabilité nationale, J.-P. Piriou.
La consommation des Français, N. Herpin et D. Verger.
La crise dans les pays de l'Est, M. Drach.
La décentralisation, X. Greffe.
La démographie, J. Vallin.
La dette des tiers mondes, M. Raffinot.
Le dollar, M. Fouet.
L'économie britannique depuis 1945, V. Riches.
L'économie de l'Afrique, P. Hugon.
L'économie de la RFA, M. Demotes-Mainard.
L'économie de l'URSS, G. Duchêne.
L'économie des États-Unis, M. Fouet.
L'économie des organisations, C. Ménard.
L'économie des services, J. Gadrey.
L'économie mondiale, D. Auvers.
L'économie mondiale 1993, CEPII.
L'économie mondiale 1994, CEPII.
L'économie mondiale de l'énergie, J.-M. Martin.
L'économie mondiale des matières premières, P.-N. Giraud.
L'économie néo-classique, B. Guerrien.
L'emploi en France, D. Gambier et M. Vernières.
Les employés, A. Chenu.
L'ergonomie, M. de Montmollin.
L'Europe, C. Hen et J. Léonard.
L'Europe monétaire, J.-P. Patat.
La faim dans le monde, S. Bessis.
Le FMI, P. Lenain.
La formation professionnelle continue, Cl. Dubar.
Le GATT, M. Rainelli.
Histoire de l'Algérie coloniale (1830-1954), B. Stora.
Histoire de la guerre d'Algérie (1954-1962), B. Stora.
Histoire de l'Algérie depuis l'indépendance, B. Stora.
Histoire de la philosophie, C. Ruby.
Histoire de la sociologie
1. **Avant 1918**, C.-H. Cuin et F. Gresle.
2. **Depuis 1918**, C.-H. Cuin et F. Gresle.
L'histoire des États-Unis depuis 1945, J. Portes.
Histoire du radicalisme, G. Baal.
L'histoire en France, ouvrage collectif.
L'immigration, E. Mestiri.
L'indice des prix, J.-P. Piriou.
L'industrie française, N. Holcblat et M. Husson.
Inflation et désinflation, P. Bezbakh.
Introduction à la microéconomie, G. Rotillon.
Introduction à l'économie de Marx, P. Salama et T. H. Hac.
L'Islam, A.-M. Delcambre.
Les jeunes, O. Galland.
La justice en France, D. Vernier.
Les médecins, M. Arliaud.
Les menaces globales sur l'environnement, S. Faucheux et J.-F. Noël.
Méthodologie de l'investissement dans l'entreprise, D. Fixari.
La mobilité sociale, D. Merllié et J. Prévot.
Le modèle japonais de gestion, A. Bourguignon.
La monétique, N. Dinçbudak et U. Müldür.
La monnaie et ses mécanismes, M. Béziade.
Les nouveaux produits financiers, J. Régniez.
La nouvelle économie chinoise, F. Lemoine.

Nouvelle histoire économique de la France contemporaine :
1. L'économie préindustrielle (1750-1840), J.-P. Daviet.
2. L'industrialisation (1830-1914), P. Verley.
4. L'économie ouverte (1948-1990), A. Gueslin.
La nouvelle microéconomie, P. Cahuc.
Les nouvelles théories du marché du travail, A. Perrot.
L'ONU, M. Bertrand.
Le patrimoine des Français, A. Babeau.
La philosophie de Marx, É. Balibar.
La population française, J. Vallin.
La population mondiale, J. Vallin.
La presse en France, Y. Guillauma.
La protection sociale, N. Murard.
La publicité, A. Mattelart.
Les relations Nord-Sud, C. Comeliau.
Les revenus en France, Y. Chassard et P. Concialdi.
Le revenu minimum garanti, C. Euzéby.
La science économique en France, ouvrage collectif.
Les sciences de l'éducation, É. Plaisance et G. Vergnaud.
Sociologie de l'emploi, M. Maruani et E. Reynaud.
La sociologie en France, ouvrage collectif.
Les sondages d'opinion, H. Meynaud et D. Duclos.
Les stratégies des ressources humaines, B. Gazier.
Le syndicalisme en France depuis 1945, R. Mouriaux.
Le système éducatif, M. Vasconcellos.
Le système monétaire international, M. Lelart.
Tableau de bord de la planète, Worldwatch Institute.
Les taux de change, D. Plihon.
La télévision, A. Le Diberder et N. Coste-Cerdan.
La théorie de la décision, R. Kast.
Les théories des crises économiques, B. Rosier.
Les théories du salaire, B. Reynaud.
Les théories économiques du développement, E. Assidon.
Le tiers monde, H. Rouillé d'Orfeuil.
Travail et travailleurs aux États-Unis, M. Debouzy.
Travail et travailleurs en Grande-Bretagne, F. Eyraud.
Les travailleurs sociaux, J. Ion et J.-P. Tricart.
L'urbanisme, J.-F. Tribillon.

« Guides Repères »

L'art de la thèse, Michel Beaud.
L'art du stage en entreprise, Michel Villette.
Voir, comprendre, analyser les images, Laurent Gervereau.

Composition Facompo, Lisieux (Calvados)
Achevé d'imprimer en mars 1994
sur les presses de l'Imprimerie Carlo-Descamps,
Condé-sur-l'Escaut (Nord)
N° d'imprimeur : 8500
Dépôt légal : mars 1994 — Premier tirage
ISBN 2-7071-2282-3